著者

稲田多佳子(いなだたかこ)

菓子・料理研究家。京都生まれ、京都育ち。現在も家族3人と猫1匹とともに京都で暮らす。「家庭のおやつは気軽さが一番」という考えのもと、ポリ袋で楽においしく作るお菓子作りを提唱している。一方で、気になることは何度も試作をくり返して追求する一面も持ち、研究熱心。少人数制の菓子と料理の教室「private baking salon T's oven」と、インスタグラムを利用したオンラインレッスン「private baking salon T's oven online」を主宰。著書は『2サイズの丸型で焼けるしっとりケーキとふんわりケーキ』(日東書院本社)、『型つきで簡単、おいしい！たかこさんの毎日おやつ』(宝島社)、『ポリ袋でつくる たかこさんのタルト・パイ・フロランタン』(誠文堂新光社)など多数。

公式ホームページ https://www.tsoven-kyoto.com/

Instagram
@takakocaramel

おうちスコーン図鑑(ずかん)

2024年11月1日　初版発行
2025年 4月20日　第3刷発行

著　者　稲田多佳子(いなだたかこ)
　　　　©Inada Takako,2024

発行者　田村正隆

発行所　株式会社ナツメ社
　　　　東京都千代田区神田神保町1-52
　　　　ナツメ社ビル1F (〒101-0051)
　　　　電話 03-3291-1257(代表)
　　　　FAX　03-3291-5761
　　　　振替 00130-1-58661

制　作　ナツメ出版企画株式会社
　　　　東京都千代田区神田神保町1-52
　　　　ナツメ社ビル3F (〒101-0051)
　　　　電話 03-3295-3921(代表)

印刷所　TOPPANクロレ株式会社

ISBN978-4-8163-7623-8
Printed in Japan

STAFF

料理アシスタント　若宮 愛
撮影　中村寛史
スタイリング　久保田朋子
デザイン　中村 妙
校正　ぷれす
編集協力　荒巻洋子
編集担当　澤幡明子
　　　　（ナツメ出版企画株式会社）

定価はカバーに表示してあります。
落丁・乱丁本はお取り替えします。

本書の一部または全部を著作権法で定められている範囲を超え、ナツメ出版企画株式会社に無断で複写、複製、転載、データファイル化することを禁じます。

本書に関するお問い合わせは、書名・発行日・該当ページを明記の上、下記のいずれかの方法にてお送りください。電話でのお問い合わせはお受けしておりません。

・ナツメ社webサイトの問い合わせフォーム
　https://www.natsume.co.jp/contact
・FAX（03-3291-1305）
・郵送（左記、ナツメ出版企画株式会社宛て）

なお、回答までに日にちをいただく場合があります。正誤のお問い合わせ以外の書籍内容に関する解説・個別の相談は行っておりません。あらかじめご了承ください。

道具

ポリ袋
大きさは縦30cm×横25cm、厚さは0.02mm前後、「中」や「Mサイズ」と表記されている食品用のものを使ってください。薄いと生地作りの際に破けてしまう場合があります。

デジタルスケール
おすすめは1g単位で量れるデジタル式のもの。デジタル式は、スイッチを押すと0に戻せるので、計量が楽です。

大さじ、小さじ
ベーキングパウダーや塩などの計量に使います。大さじ1＝15mL、小さじ1＝5mLです。

ハサミ
ポリ袋を切るときに使います。どんなものでもOKですが、清潔なものを使ってください。

めん棒
生地をのばすときに使います。手でものばせますが、めん棒を使うときれいに早くのばせます。

包丁
生地を切るときに使います。普段料理に使っているものでかまいません。

オーブンシート
焼くときに天板に敷きます。天板に生地がくっつかず、スムーズに取れます。

材料と道具のこと

どちらも数は少なく、身近なものばかり。
準備するときのアドバイスを紹介します。

材料

薄力粉

製菓用薄力粉の「ドルチェ」を使いました。小麦の風味がしっかり感じられる、焼き菓子向きの粉でおすすめですが、身近で手に入るものでOKです。

砂糖

グラニュー糖ときび砂糖を使い分けています。すっきりとした甘みにしたいときはグラニュー糖を、砂糖のコクを足したいときにはきび砂糖を使いました。どちらもサラサラとしているので、ポリ袋でふるときに粉と混ざりやすいのが利点です。
砂糖を換えることによる仕上がりの違いを検証したので、そちらも参考に（→p112）。

ベーキングパウダー

アルミニウム不使用のものを使っています。開封してから時間がたつと、ふくらみが悪くなるので、古すぎるものは避けてください。

塩

自然塩を使っています。できれば精製されていない塩がおすすめです。

植物油

太白ごま油を使っています。菜種油、米油、ひまわり油など、ほぼ無味無臭のクセのない油なら何でもかまいません。オイルは新鮮なものほどおいしくフレッシュな味わいに焼きあがるので、普段の料理と共用して回転をよくするとよいでしょう。p138～157の「しょっぱスコーン」には、香りのおだやかなオリーブオイルもおすすめです。

牛乳

成分無調整の牛乳を使っています。生地に加える水分として、基本は牛乳を使いますが、ほかのものに置き換えることもできます。この本では、さまざま水分に置き換えたレシピを紹介しています（→p24～35）。

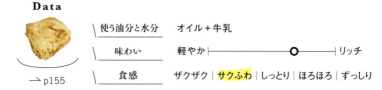

→ p155

Data		
使う油分と水分	オイル＋牛乳	
味わい	軽やか ―――○――― リッチ	
食感	ザクザク	サクふわ	しっとり	ほろほろ	ずっしり	

生ハムとクリームチーズ、くるみのスコーン

材料（6個分）

A
- 薄力粉……120g
- グラニュー糖……10g
- ベーキングパウダー……小さじ1(4g)
- 塩……少々
- 黒こしょう……適量
- くるみ……40g

B
- 植物油……40g
- 牛乳……40g

生ハム……40g
クリームチーズ……60g

下準備
・生ハムは粗く刻む
・くるみは粗く砕く
・天板にオーブンシートを敷く
・オーブンを190℃に温める

作り方

1 ポリ袋に**A**を入れ、袋の口をねじってしっかりと閉じ、よくふり混ぜる。

2 1に**B**、生ハムを加え、クリームチーズを小さくちぎって加える。袋の口をねじってしっかりと閉じ、まとまるまでふり混ぜる。

3 ポリ袋の2辺をハサミで切って開く。ポリ袋の上から生地を押し広げ、半分に折る。これをあと2〜3回くり返す。

4 2〜2.5cm厚さの長方形にととのえ、包丁で6等分にする。

5 天板に間隔をあけて並べ、190℃のオーブンで18分ほど焼く。

▶レーズンを加えても。甘みと酸味がプラスされ、しゃれた味わいのスコーンになります。

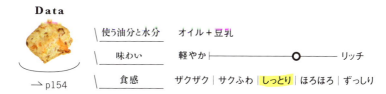

Data

使う油分と水分	オイル＋豆乳
味わい	軽やか ——————○—— リッチ
食感	ザクザク ｜ サクふわ ｜ <mark>しっとり</mark> ｜ ほろほろ ｜ ずっしり

→ p154

炒め玉ねぎとチェダーチーズのスコーン

材料（6個分）

A
- 薄力粉……120g
- グラニュー糖……10g
- ベーキングパウダー……小さじ½（2g）
- 塩……小さじ¼
- 黒こしょう……適量

B
- 植物油……40g
- 豆乳……20g

- 玉ねぎ……½個
- チェダーチーズ……35g
- オリーブオイル、塩……各適量

下準備

- 玉ねぎは薄切りにする
- チェダーチーズは1cm角に切り、冷蔵庫に入れておく
- 天板にオーブンシートを敷く

作り方

1 フライパンにオリーブオイルを入れて中火にかけ、玉ねぎを入れて軽く塩をふり、あめ色になるまで炒め、そのまま冷ます。

2 オーブンを190℃に温める。ポリ袋に**A**を入れ、袋の口をねじってしっかりと閉じ、よくふり混ぜる。

3 2のポリ袋に**B**、**1**、チェダーチーズを加え、袋の口をねじってしっかりと閉じ、まとまるまでふり混ぜる。

4 ポリ袋の2辺をハサミで切って開く。ポリ袋の上から生地を押し広げ、半分に折る。これをあと2〜3回くり返す。

5 1.5〜2cm厚さの長方形にととのえ、包丁で6等分にする。

6 天板に間隔をあけて並べ、190℃のオーブンで18分ほど焼く。

savoury scones
生ハムとクリームチーズ、くるみのスコーン

作り方 → p157

生ハムのおだやかな塩気に、くるみの香ばしさとナッティーさ、クリームチーズのコクが調和。どの食事シーンにも向く味です。

savoury scones

炒め玉ねぎと
チェダーチーズのスコーン

作り方 → p156

あめ色に炒めた玉ねぎのコクと甘み、スモーキーな香りがポイント。
チーズの味もしっかり感じる、うまみたっぷりのスコーンです。

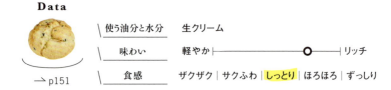

Data

→ p151

使う油分と水分	生クリーム
味わい	軽やか ——————○—— リッチ
食感	ザクザク｜サクふわ｜**しっとり**｜ほろほろ｜ずっしり

オリーブとアンチョビのスコーン

材料（6個分）

A ｜ 薄力粉……120g
　｜ グラニュー糖……10g
　｜ ベーキングパウダー……小さじ1（4g）
　｜ 塩……小さじ1/4
　｜ 黒こしょう……適量

生クリーム（乳脂肪分45〜47%）……110g
ブラックオリーブ（水煮・種抜き）……20g
アンチョビ（フィレ）……2枚（6g）

下準備
・ブラックオリーブは汁気をきって粗く刻む
・アンチョビは細かく刻む
・天板にオーブンシートを敷く
・オーブンを190℃に温める

作り方

1 ポリ袋にAを入れ、袋の口をねじってしっかりと閉じ、よくふり混ぜる。

2 1に生クリーム、ブラックオリーブ、アンチョビを加え、袋の口をねじってしっかりと閉じ、まとまるまでふり混ぜる。

3 ポリ袋の2辺をハサミで切って開く。ポリ袋の上から生地を押し広げ、半分に折る。これをあと2〜3回くり返す。

4 6等分にしてそれぞれ丸め、手で軽く押さえてつぶす。

5 天板に間隔をあけて並べ、190℃のオーブンで18分ほど焼く。

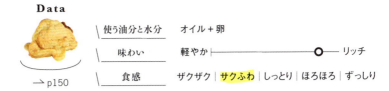

Data

使う油分と水分	オイル＋卵
味わい	軽やか ―――――○― リッチ
食感	ザクザク ｜ **サクふわ** ｜ しっとり ｜ ほろほろ ｜ ずっしり

→ p150

クワトロチーズスコーン

材料（6個分）

A｜ 薄力粉……120g
　｜ きび砂糖……10g
　｜ ベーキングパウダー……小さじ1（4g）
　｜ 塩……小さじ1/4

B｜ 植物油……45g
　｜ 溶き卵……40g（約1個分）

好みのチーズ（ゴーダ・スモーク・チェダー・クリームチーズなど）
　……合わせて80g

下準備
・チーズはそれぞれ1〜2cm角に切る
・天板にオーブンシートを敷く
・オーブンを190℃に温める

作り方

1 ポリ袋にAを入れ、袋の口をねじってしっかりと閉じ、よくふり混ぜる。

2 Bをよく混ぜて1に加え、チーズを加える。袋の口をねじってしっかりと閉じ、まとまるまでふり混ぜる。

3 ポリ袋の2辺をハサミで切って開く。ポリ袋の上から生地を押し広げ、半分に折る。これをあと2〜3回くり返す。

4 2〜2.5cm厚さの円形にととのえ、包丁で放射状に6等分にする。

5 天板に間隔をあけて並べ、190℃のオーブンで16分ほど焼く。

▶アーモンドやくるみなど、ナッツの食感を加えるのもおすすめ。粗く砕き、Aに加えてください。

savoury scones
オリーブとアンチョビのスコーン

作り方 → p153

塩気をしっかり感じるスコーンなので、食事にもぴったり。
アンチョビの味がきいていて、お酒のおともにもよさそうです。

savoury scones
クワトロチーズスコーン

作り方 → p152

チーズが溶けて「羽根つきスコーン」に。
その羽根もカリカリでおいしい。
4つのチーズの風味がブレンドされて、深い味わいに仕上がります。

Data

使う油分と水分	オイル＋豆腐
味わい	軽やか ——○—— リッチ
食感	ザクザク ｜ サクふわ ｜ **しっとり** ｜ ほろほろ ｜ ずっしり

→ p147

ごぼうとベーコンのカレースコーン

材料（6個分）

A
- 薄力粉……120g
- グラニュー糖……10g
- ベーキングパウダー……小さじ1（4g）
- 塩……小さじ1/4
- カレー粉……小さじ1（2g）
- 黒こしょう……適量

B
- 植物油……45g
- 絹ごし豆腐……軽く水きりして70g

- ごぼう……60g
- ベーコン（厚切り）……30g
- しょうゆ……小さじ1/2
- オリーブオイル、黒こしょう……各適量

下準備
- ごぼうはささがきにする
- ベーコンは8mm角に切る
- 天板にオーブンシートを敷く

作り方

1 フライパンにオリーブオイルを入れて中火にかけ、ごぼうとベーコンを入れて炒める。しんなりしたらしょうゆ、黒こしょうを加えてさっと混ぜ、そのまま冷ます。

2 オーブンを190℃に温める。ポリ袋に**A**を入れ、袋の口をねじってしっかりと閉じ、よくふり混ぜる。

3 **B**をよく混ぜて**2**のポリ袋に加え、**1**を加える。袋の口をねじってしっかりと閉じ、まとまるまでふり混ぜる。

4 ポリ袋の2辺をハサミで切って開く。ポリ袋の上から生地を押し広げ、半分に折る。これをあと2～3回くり返す。

5 6等分にし、それぞれ丸める。

6 天板に間隔をあけて並べ、190℃のオーブンで18分ほど焼く。

▶ベーコンはソーセージやハムに換えても。どちらも小角に切って使いましょう。

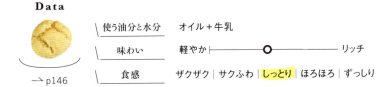

Data

使う油分と水分	オイル＋牛乳
味わい	軽やか ——○—— リッチ
食感	ザクザク｜サクふわ｜**しっとり**｜ほろほろ｜ずっしり

→ p146

じゃがいもとローズマリーのスコーン

材料（6個分）

A｜薄力粉……120g
　｜グラニュー糖……10g
　｜ベーキングパウダー……小さじ1（4g）
　｜塩……小さじ1/4
　｜ローズマリー（ドライ）……1g
　｜黒こしょう……適量

B｜植物油……40g
　｜牛乳……50g

じゃがいも……1個

下準備

・じゃがいもは皮ごと洗い、水気をつけたままラップでふんわり包む。電子レンジで3分ほど、竹串がスッと通るまで加熱する。熱いうちに皮をむいてフォークでつぶし、80gを計量し、ラップをかけて冷ましておく
・天板にオーブンシートを敷く
・オーブンを190℃に温める

作り方

1 ポリ袋にAを入れ、袋の口をねじってしっかりと閉じ、よくふり混ぜる。

2 1にBとじゃがいもを加え、袋の口をねじってしっかりと閉じ、まとまるまでふり混ぜる。

3 ポリ袋の2辺をハサミで切って開く。ポリ袋の上から生地を押し広げ、半分に折る。これをあと2〜3回くり返す。

4 6等分にし、それぞれ丸める。

5 天板に間隔をあけて並べ、190℃のオーブンで18分ほど焼く。

▶ローズマリーを入れず、じゃがいもだけで焼くのもおすすめ。パン代わりにもなります。

savoury scones
ごぼうとベーコンのカレースコーン

作り方 → p149

腐入りの生地はしっとり。
そこにごぼうの食感をプラスしました。
ごぼうとカレー粉が、とても、とてもよく合います。

じゃがいもとローズマリーのスコーン

作り方 → p148

じゃがいもの水分が加わってしっとりした焼きあがり。
ローズマリーは焼いても香りが飛びにくいので、
しっかり存在感を発揮しています。

Data

→ p143

使う油分と水分	オイル＋ヨーグルト
味わい	軽やか ├────○────┤ リッチ
食感	ザクザク ｜ **サクふわ** ｜ しっとり ｜ ほろほろ ｜ ずっしり

にんじんとクミンのスコーン

材料（6個分）

A
- 薄力粉……120g
- グラニュー糖……10g
- ベーキングパウダー……小さじ1（4g）
- 塩……小さじ1/4
- 黒こしょう……適量

B
- 植物油……40g
- プレーンヨーグルト（無糖）……40g

にんじん……60g
にんにく……1/2かけ
クミンシード……2g
オリーブオイル、塩……各適量

下準備

- にんじんはささがきにする
- にんにくは粗みじん切りにする
- 天板にオーブンシートを敷く

作り方

1 フライパンにオリーブオイル、にんにく、クミンシードを入れて中火にかける。にんにくが色づいて香りが立ってきたら、にんじんを加えて塩をふり、少ししんなりするまで炒め、そのまま冷ます。

2 オーブンを190℃に温める。ポリ袋にAを入れ、袋の口をねじってしっかりと閉じ、よくふり混ぜる。

3 Bをよく混ぜて2のポリ袋に加え、1を加える。袋の口をねじってしっかりと閉じ、まとまるまでふり混ぜる。

4 ポリ袋の2辺をハサミで切って開く。ポリ袋の上から生地を押し広げ、半分に折る。これをあと2〜3回くり返す。

5 2〜2.5cm厚さの長方形にととのえ、包丁で6等分にする。

6 天板に間隔をあけて並べ、190℃のオーブンで18分ほど焼く。

▶ささがきのにんじんは、せん切りのかぼちゃに換えてもOK。かぼちゃとクミンの組み合わせもおいしいです。

Data

使う油分と水分	オイル + 豆乳
味わい	軽やか ○──────── リッチ
食感	**ザクザク** / サクふわ / しっとり / **ほろほろ** / ずっしり

→ p142

青のりとごま、じゃこのスコーン

材料（6個分）

A
- 薄力粉……120g
- グラニュー糖……5g
- ベーキングパウダー……小さじ1/2（2g）
- 塩……小さじ1/4
- 青のり……2g
- 白いりごま……10g
- ちりめんじゃこ……10g

B
- 植物油……40g
- 豆乳……30g

塩……適量

下準備
- 天板にオーブンシートを敷く
- オーブンを190℃に温める

作り方

1 ポリ袋にAを入れ、袋の口をねじってしっかりと閉じ、よくふり混ぜる。

2 1にBを加え、袋の口をねじってしっかりと閉じ、まとまるまでふり混ぜる。

3 ポリ袋の2辺をハサミで切って開く。ポリ袋の上から生地を押し広げ、半分に折る。これをあと2〜3回くり返す。

4 1.5〜2cm厚さの長方形にととのえ、包丁で棒状に6等分にする。

5 天板に間隔をあけて並べ、表面に軽く塩をふり、190℃のオーブンで18分ほど焼く。

▶ちりめんじゃこは小さめの桜えびに換えてもおいしい。青のりの磯の香りに桜えびの香ばしさとうまみがよく合います。

savoury scones
にんじんとクミンのスコーン

作り方 → p145

にんじんはほんのりにんにくをきかせて、
シャキシャキ感が残るように炒めます。
クミンの風味でグッとエスニックな仕上がりです。

savoury scones
青のりとごま、じゃこのスコーン

作り方 → p144

サクサク、ほろほろの生地に、
ごまのプチプチ感とじゃこのカリカリ感、
青のりの磯の香りも加わった、
食感も風味もいいスコーンです。

Data

→ p139

使う油分と水分	オイル＋生クリーム
味わい	軽やか ————○———— リッチ
食感	ザクザク ｜ <mark>サクふわ</mark> ｜ しっとり ｜ <mark>ほろほろ</mark> ｜ ずっしり

ドライトマトとバジルのスコーン

材料（6個分）

A ｜ 薄力粉……120g
　　グラニュー糖……10g
　　ベーキングパウダー……小さじ1（4g）
　　塩……小さじ¼

B ｜ 植物油……40g
　　生クリーム……40g

ドライトマト……20g
バジル……約5g

下準備

- ドライトマトはざるにのせ、熱湯を回しかけて湯をきり、冷めたら細かく刻む
- バジルは粗く刻む
- 天板にオーブンシートを敷く
- オーブンを190℃に温める

作り方

1 ポリ袋に**A**を入れ、袋の口をねじってしっかりと閉じ、よくふり混ぜる。

2 1に**B**、ドライトマト、バジルを加え、袋の口をねじってしっかりと閉じ、まとまるまでふり混ぜる。

3 ポリ袋の2辺をハサミで切って開く。ポリ袋の上から生地を押し広げ、半分に折る。これをあと2〜3回くり返す。

4 2〜2.5cm厚さの長方形にととのえ、包丁で6等分にする。

5 天板に間隔をあけて並べ、190℃のオーブンで16〜18分焼く。

▶バジルはタイムに換えても。バジルよりも香りの持続性があるので、ハーブの香りをより楽しめます。

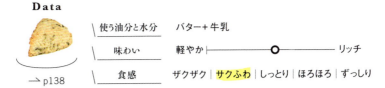

Data

→ p138

使う油分と水分	バター＋牛乳
味わい	軽やか ————○———— リッチ
食感	ザクザク ｜ サクふわ ｜ しっとり ｜ ほろほろ ｜ ずっしり

パセリとパルメザンチーズのスコーン

材料（6個分）

A
- 薄力粉……120g
- グラニュー糖……10g
- ベーキングパウダー……小さじ1（4g）
- 塩……小さじ1/4
- 粉チーズ（パルメザンチーズ）……25g

B
- バター……40g
- 牛乳……45g

パセリ……約8g

下準備
- バターは小さく切り、電子レンジで1分ほど加熱して溶かす
- パセリはみじん切りにする
- 天板にオーブンシートを敷く
- オーブンを190℃に温める

作り方

1 ポリ袋にAを入れ、袋の口をねじってしっかりと閉じ、よくふり混ぜる。

2 1にB、パセリを加え、袋の口をねじってしっかりと閉じ、まとまるまでふり混ぜる。

3 ポリ袋の2辺をハサミで切って開く。ポリ袋の上から生地を押し広げ、半分に折る。これをあと2〜3回くり返す。

4 2〜2.5cm厚さの円形にととのえ、包丁で放射状に6等分にする。

5 天板に間隔をあけて並べ、190℃のオーブンで16〜18分焼く。

▶ピザ用のシュレッドチーズや、細かく切ったプロセスチーズでも作れます。

savoury scones
ドライトマトと
バジルのスコーン

作り方 → p141

サクッとした生地に、
濃縮されたトマトのうまみをプラス。
ドライトマトの酸味と甘みが、
食べたときにうれしい、味のアクセントです。

savoury scones
パセリとパルメザンチーズのスコーン

作り方 → p140

□にすると、チーズの風味がいっぱいに広がります。
フレッシュパセリでさわやかさを加え、
チーズのコクとバランスを取りました。

Chapter5 savoury scones

しょっぱスコーン

スコーンといえば甘いイメージですが、
塩気をきかせた食事向けのタイプも作れます。
「セイボリースコーン」とも呼ばれています。
チーズを入れたり、ハーブを香らせたり、スパイスをきかせたり。
たとえるなら、食事パンのよう。
食事はもちろん、お酒にも合う味で、
スコーンの登場シーンの幅が広がります。

Data

→ p125

使う油分と水分	オイル＋生クリーム
味わい	軽やか ――――――○ リッチ
食感	ザクザク｜サクふわ｜しっとり｜ほろほろ｜ずっしり

キャラメルスコーン アイスキャラメルナッツのせ

材料（6個分）

A
- 薄力粉……120g
- グラニュー糖……20g
- ベーキングパウダー……小さじ1（4g）
- 塩……ひとつまみ

B
- 植物油……40g
- 生クリーム……25g

キャラメルクリーム（作りやすい分量）
- グラニュー糖……80g
- 水……大さじ1/2
- 生クリーム……100g

バニラアイスクリーム、ナッツ（好みのもの）……各適量

下準備

・キャラメルクリームは前日に作る。小鍋にグラニュー糖と水を入れて中火にかけ、濃い茶色まで焦がし、火を止める。生クリームを電子レンジでふわっと沸き立つまで加熱し、数回に分けて小鍋に加え（沸きあがるので注意）、そのつどゴムべらで混ぜる。粗熱がとれたら容器に移し、冷蔵庫で冷やす

・ナッツは粗く砕く

・天板にオーブンシートを敷く

・オーブンを190℃に温める

作り方

1 ポリ袋にAを入れ、袋の口をねじってしっかりと閉じ、よくふり混ぜる。

2 1にB、キャラメルクリーム30gを加え、袋の口をねじってしっかりと閉じ、まとまるまでふり混ぜる。

3 ポリ袋の2辺をハサミで切って開く。ポリ袋の上から生地を押し広げ、半分に折る。これをあと2～3回くり返す。

4 1.5～2cm厚さの長方形にととのえ、包丁で6等分にする。

5 天板に間隔をあけて並べ、190℃のオーブンで16分ほど焼く。焼きあがったら冷ましておく。

6 耐熱ボウルにキャラメルクリーム適量を入れ、電子レンジで5～10秒加熱して溶かす。スコーンにバニラアイスをのせ、キャラメルクリームをかけ、ナッツを散らす。

Data

→ p124

使う油分と水分	オイル＋牛乳
味わい	軽やか ——————○— リッチ
食感	ザクザク｜サクふわ｜しっとり｜ほろほろ｜ずっしり

（サクふわ、しっとり にハイライト）

モンブラン風スコーン

材料（8個分）

A
- 薄力粉……120g
- グラニュー糖……15g
- ベーキングパウダー……小さじ1（4g）
- 塩……ひとつまみ

B
- 植物油……40g
- 牛乳……40g

モンブランクリーム
- マロンクリーム（市販）……100g
- 生クリーム……100g

栗の渋皮煮（市販）……12個

下準備

・天板にオーブンシートを敷く
・オーブンを190℃に温める
・絞り袋にモンブラン用の口金をつける
・栗の渋皮煮4個は半分に切る

作り方

1 ポリ袋に**A**を入れ、袋の口をねじってしっかりと閉じ、よくふり混ぜる。

2 **1**に**B**を加え、袋の口をねじってしっかりと閉じ、まとまるまでふり混ぜる。

3 ポリ袋の2辺をハサミで切って開く。ポリ袋の上から生地を押し広げ、半分に折る。これをあと2〜3回くり返す。

4 めん棒で1.5〜2cm厚さにのばし、直径5cmの抜き型に薄力粉（分量外）を薄くつけて抜く。残った生地を重ねてまとめ、同様にして計8個抜く（残った生地は丸めて、**5**でいっしょに焼くとよい）。

5 天板に間隔をあけて並べ、190℃のオーブンで15分ほど焼く。焼きあがったら冷ましておく。

6 モンブランクリームを作る。ボウルに生クリームを入れ、角がピンと立つまで泡立てる。マロンクリームを加え、ゴムべらでさっくりと混ぜる。

7 スコーンに栗の渋皮煮を1個ずつのせる。絞り袋に**6**を入れ、栗を覆うように絞る。半分に切った栗を飾る。

▶モンブランクリームに、インスタントコーヒーやラム酒を少し加えるのもおすすめ。

Data

使う油分と水分	オイル＋豆乳
味わい	軽やか ○─────┤ リッチ
食感	**ザクザク** ｜ サクふわ ｜ しっとり ｜ ほろほろ ｜ ずっしり

→ p123

きなこアイシング＋ごまのスコーン

材料（6個分）

A
- 薄力粉……120g
- きび砂糖……15g
- ベーキングパウダー……小さじ1/2（2g）
- 塩……ひとつまみ
- 白いりごま……15g

B
- 植物油……40g
- 豆乳……30g

きなこアイシング
- 粉砂糖……20g
- きなこ……5g
- 豆乳……約大さじ1/2

下準備
・天板にオーブンシートを敷く
・オーブンを190℃に温める

とろみ具合は、スプーンですくうと流れるように落ちるくらい。

作り方

1　ポリ袋にAを入れ、袋の口をねじってしっかりと閉じ、よくふり混ぜる。

2　1にBを加え、袋の口をねじってしっかりと閉じ、まとまるまでふり混ぜる。

3　ポリ袋の2辺をハサミで切って開く。ポリ袋の上から生地を押し広げ、半分に折る。これをあと2〜3回くり返す。

4　1.5〜2cm厚さの長方形にととのえ、包丁で棒状に6等分にする。

5　天板に間隔をあけて並べ、190℃のオーブンで16〜18分焼く。焼きあがったら冷ましておく。

6　きなこアイシングを作る。粉砂糖ときなこをよく混ぜ、豆乳を少しずつ加えて混ぜ、とろりとした状態にする（**a**）。

7　スコーンに6をつける。

シナモンロール風スコーン

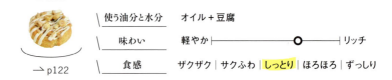

Data
使う油分と水分	オイル + 豆腐
味わい	軽やか ——○—— リッチ
食感	ザクザク｜サクふわ｜**しっとり**｜ほろほろ｜ずっしり

→ p122

材料（6個分）

A
- 薄力粉……120g
- きび砂糖……20g
- ベーキングパウダー……小さじ1(4g)
- 塩……ひとつまみ

B
- 植物油……45g
- 絹ごし豆腐……軽く水きりして70g

シナモンペースト
- バター……20g
- きび砂糖……20g
- シナモンパウダー……小さじ1(2g)

ヘーゼルナッツ……30g

フロスティング
- クリームチーズ……15g
- きび砂糖……小さじ1/2
- 牛乳……小さじ1/2

下準備

・クリームチーズは室温でやわらかくしておく（電子レンジでもOK）
・シナモンペーストのバターは電子レンジで20秒ほど加熱してやわらかくし、残りの材料を混ぜる
・ヘーゼルナッツは粗く砕く
・天板にオーブンシートを敷く
・オーブンを190℃に温める

作り方

1 ポリ袋に**A**を入れ、袋の口をねじってしっかりと閉じ、よくふり混ぜる。

2 Bをよく混ぜて**1**に加え、袋の口をねじってしっかりと閉じ、まとまるまでふり混ぜる。

3 ポリ袋の2辺をハサミで切って開く。ポリ袋の上から生地を押し広げ、半分に折る。これをあと2〜3回くり返す。

4 めん棒で縦15cm×横21cmほどにのばし、向こう側を2cmほどあけてシナモンペーストを塗り、ヘーゼルナッツ（トッピング用に少し取り分ける）を散らす。手前から巻き、巻き終わりを閉じ、包丁で6等分にする。
＊成形の仕方はp63を参照。

5 天板に断面を上にして間隔をあけて並べ、形をととのえる。190℃のオーブンで16〜18分焼く。焼きあがったら冷ましておく。

6 フロスティングを作る。クリームチーズにきび砂糖を加えてなめらかにし、牛乳を加えて混ぜる。

7 スコーンに**6**を筋状にかけ、取り分けておいたヘーゼルナッツを散らす。

Data

→ p121

\ 使う油分と水分　生クリーム

\ 味わい　軽やか ├────────○─┤ リッチ

\ 食感　ザクザク ｜ サクふわ ｜ **しっとり** ｜ ほろほろ ｜ ずっしり

ホワイトチョコクリーム＋紅茶のスコーン

材料（6個分）

A ｜ 薄力粉……120g
　　グラニュー糖……25g
　　ベーキングパウダー……小さじ1（4g）
　　塩……ひとつまみ
　　紅茶の葉*（ティーバッグ・葉が細かいもの）
　　　……4〜5g

生クリーム（乳脂肪分45〜47%）……120g

ホワイトチョコクリーム
　ホワイトチョコレート（製菓用）……15g
　生クリーム……100g

板チョコレート（ホワイト）……適量

下準備

- 天板にオーブンシートを敷く
- オーブンを190℃に温める
- ホワイトチョコクリームのホワイトチョコレートは粗く刻む

＊お菓子作りには香りがしっかりと残るアールグレイがおすすめ。

作り方

1 ポリ袋にAを入れ、袋の口をねじってしっかりと閉じ、よくふり混ぜる。

2 1に生クリームを加え、袋の口をねじってしっかりと閉じ、まとまるまでふり混ぜる。

3 ポリ袋の2辺をハサミで切って開く。ポリ袋の上から生地を押し広げ、半分に折る。これをあと2〜3回くり返す。

4 6等分にしてそれぞれ丸め、手で軽く押さえてつぶす。

5 天板に間隔をあけて並べ、190℃のオーブンで16分ほど焼く。焼きあがったら冷ましておく。

6 ホワイトチョコクリームを作る。耐熱ボウルにホワイトチョコレートを入れ、電子レンジで30秒ほど加熱する（完全に溶かさず、少し早めに取り出す）。ゴムべらで混ぜてなめらかに溶かす。粗熱がとれたら、生クリームを少しずつ加えて混ぜ、角がピンと立つまで泡立てる。

7 スコーンに6をのせ、板チョコレートをピーラーで薄く削ってのせる。

Data

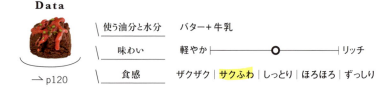
→ p120

使う油分と水分	バター＋牛乳	
味わい	軽やか ――――○―――― リッチ	
食感	ザクザク ｜ <mark>サクふわ</mark> ｜ しっとり ｜ ほろほろ ｜ ずっしり	

ラズベリーアイシング＋ピスタチオのスコーン

材料（6個分）

A
- 薄力粉……105g
- ココアパウダー……15g
- グラニュー糖……30g
- ベーキングパウダー……小さじ1（4g）
- 塩……ひとつまみ

B
- バター……45g
- 牛乳……40g

ラズベリーアイシング
- 粉砂糖……25g
- ラズベリー（冷凍）……約10g

ピスタチオ……適量

下準備

- バターは小さく切り、電子レンジで1分ほど加熱して溶かす
- 天板にオーブンシートを敷く
- オーブンを190℃に温める
- ラズベリーは室温で解凍する
- ピスタチオは粗く刻む

すくうと、ゆらゆらとなめらかに落ちるくらいのかたさ。

作り方

1 ポリ袋に薄力粉を入れ、ココアパウダーを茶こしを通して加える。残りのAを加え、袋の口をねじってしっかりと閉じ、よくふり混ぜる。

2 1にBを加え、袋の口をねじってしっかりと閉じ、まとまるまでふり混ぜる。

3 ポリ袋の2辺をハサミで切って開く。ポリ袋の上から生地を押し広げ、半分に折る。これをあと2～3回くり返す。

4 2～2.5cm厚さの長方形にととのえ、包丁で6等分にする。

5 天板に間隔をあけて並べ、190℃のオーブンで16分ほど焼く。焼きあがったら冷ましておく。

6 ラズベリーアイシングを作る。粉砂糖にラズベリーを少しずつ加えてつぶしながら混ぜ、とろりとした状態にする（**a**）。

7 スコーンに6をかけ、完全に固まる前にピスタチオを散らす。

▶アイシングのラズベリーは、いちごやブルーベリーなどベリー系のジャムを利用しても。いちごジャムは強めのピンク色に、ブルーベリージャムは鮮やかな紫色になります。

Data

→ p119

- 使う油分と水分　オイル＋生クリーム
- 味わい　軽やか ├───────○──┤ リッチ
- 食感　ザクザク ｜ サクふわ ｜ <mark>しっとり</mark> ｜ ほろほろ ｜ ずっしり

キャロットケーキ風スコーン

材料（6個分）

A｜薄力粉……120g
　｜きび砂糖……30g
　｜ベーキングパウダー……小さじ1（4g）
　｜塩……ひとつまみ
　｜シナモンパウダー……小さじ1（2g）
　｜くるみ……35g

B｜植物油……40g
　｜生クリーム……25g

にんじん……60g
レーズン……30g

フロスティング

｜クリームチーズ……80g
｜粉砂糖……10g

下準備

- くるみは細かく砕く
- にんじんはスライサーまたは包丁でせん切りにする
- クリームチーズは室温でやわらかくしておく（電子レンジでもOK）
- 天板にオーブンシートを敷く
- オーブンを190℃に温める

作り方

1. ポリ袋にAを入れ、袋の口をねじってしっかりと閉じ、よくふり混ぜる。

2. 1にB、にんじん、レーズンを加え、袋の口をねじってしっかりと閉じ、まとまるまでふり混ぜる。

3. ポリ袋の2辺をハサミで切って開く。ポリ袋の上から生地を押し広げ、半分に折る。これをあと2〜3回くり返す。

4. 2〜2.5cm厚さの長方形にととのえ、包丁で6等分にする。

5. 天板に間隔をあけて並べ、190℃のオーブンで18分ほど焼く。焼きあがったら冷ましておく。

6. フロスティングを作る。ボウルに材料を入れ、なめらかになるまで練り混ぜる。

7. スコーンに6をのせる。

▶ スパイシーなお菓子が好きなら、カルダモンパウダー、ナツメグパウダー、クローブパウダーなどを適量加えても。レーズンは小粒のカレンズ、ドライブルーベリーでもOK。

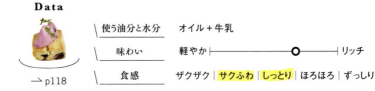

Data

使う油分と水分	オイル＋牛乳
味わい	軽やか ―――○――― リッチ
食感	ザクザク｜**サクふわ**｜**しっとり**｜ほろほろ｜ずっしり

→ p118

ダブルブルーベリースコーン

材料（6個分）

A
- 薄力粉……120g
- グラニュー糖……20g
- ベーキングパウダー……小さじ1（4g）
- 塩……ひとつまみ

B
- 植物油……40g
- 牛乳……40g

ブルーベリー（冷凍）……40g

ブルーベリークリーム
- ブルーベリー（冷凍）……40g
- グラニュー糖……15g
- レモン汁……10g
- 生クリーム……80g

タイム（あれば）……適量

下準備

- ブルーベリークリームのブルーベリーを耐熱ボウルに凍ったまま入れ、グラニュー糖、レモン汁を加え、電子レンジで4分ほど加熱し（ときどき混ぜながら、ジャム状になるまで）、冷ましておく
- 天板にオーブンシートを敷く
- オーブンを190℃に温める

作り方

1 ポリ袋にAを入れ、袋の口をねじってしっかりと閉じ、よくふり混ぜる。

2 1にBと、ブルーベリーを凍ったまま加え、袋の口をねじってしっかりと閉じ、まとまるまでふり混ぜる。

3 ポリ袋の2辺をハサミで切って開く。ポリ袋の上から生地を押し広げ、半分に折る。これをあと2～3回くり返す。

4 2～2.5cm厚さの長方形にととのえ、包丁で6等分にする。

5 天板に間隔をあけて並べ、190℃のオーブンで16～18分焼く。焼きあがったら冷ましておく。

6 ブルーベリークリームを作る。ボウルに生クリーム、下準備したブルーベリーを入れ、角がピンと立つまで泡立てる。

7 スコーンに6をのせ、あればタイムを飾る。

レモンケーキ風スコーン

Data
- 使う油分と水分：オイル＋ヨーグルト
- 味わい：軽やか ——○—— リッチ
- 食感：ザクザク／サクふわ／しっとり／**ほろほろ**／ずっしり

→ p117

材料（6個分）

A
- 薄力粉……120g
- グラニュー糖……15g
- ベーキングパウダー……小さじ1（4g）
- 塩……ひとつまみ

B
- 植物油……40g
- プレーンヨーグルト（無糖）……45g
- レモンの皮（すりおろし）……1個分

レモンアイシング
- 粉砂糖……60g
- レモン汁……約小さじ2

- レモンの砂糖漬け（ドライ・市販）……6枚
- 生クリーム（泡立てたもの）……適量

下準備
・天板にオーブンシートを敷く
・オーブンを190℃に温める

なめらかに混ざり、とろとろと流れるかたさになればOK。

作り方

1. ポリ袋にAを入れ、袋の口をねじってしっかりと閉じ、よくふり混ぜる。

2. Bをよく混ぜて1に加え、袋の口をねじってしっかりと閉じ、まとまるまでふり混ぜる。

3. ポリ袋の2辺をハサミで切って開く。ポリ袋の上から生地を押し広げ、半分に折る。これをあと2〜3回くり返す。

4. 2〜2.5cm厚さの円形にととのえ、包丁で放射状に6等分にする。

5. 天板に間隔をあけて並べ、190℃のオーブンで16分ほど焼く。焼きあがったら冷ましておく。

6. レモンアイシングを作る。粉砂糖にレモン汁を少しずつ加えて混ぜ、とろりとした状態にする（**a**）。

7. スコーンに6をつけて乾かし、生クリームを土台にしてレモンを飾る。

▶レモンアイシングに刻んだピスタチオを散らすのもおすすめ。レモン味と相性がよく、見た目のアクセントにも。

Data

→ p116

使う油分と水分	生クリーム
味わい	軽やか ─────────○─ リッチ
食感	ザクザク｜サクふわ｜ しっとり ｜ほろほろ｜ ずっしり

チョコレートガナッシュスコーン

材料（6個分）

A
- 薄力粉……105g
- ココアパウダー……15g
- グラニュー糖……25g
- ベーキングパウダー……小さじ1（4g）
- 塩……ひとつまみ

生クリーム（乳脂肪分45〜47％）……120g

ガナッシュ
- スイートチョコレート（製菓用）……40g
- 生クリーム……20g
- 牛乳……5g

下準備

・天板にオーブンシートを敷く
・オーブンを190℃に温める
・チョコレートは細かく刻む

ココアパウダーのダマがあると、そのまま生地に残ってしまうので、茶こしでこしてダマをなくす。

作り方

1 ポリ袋に薄力粉を入れ、ココアパウダーを茶こしを通して加える（**a**）。残りの**A**を加え、袋の口をねじってしっかりと閉じ、よくふり混ぜる。

2 **1**に生クリームを加え、袋の口をねじってしっかりと閉じ、まとまるまでふり混ぜる。

3 ポリ袋の2辺をハサミで切って開く。ポリ袋の上から生地を押し広げ、半分に折る。これをあと2〜3回くり返す。

4 6等分にし、それぞれ丸める。

5 天板に間隔をあけて並べ、190℃のオーブンで16分ほど焼く。焼きあがったら冷ましておく。

6 ガナッシュを作る。耐熱ボウルに材料を入れ、電子レンジで30〜60秒加熱する（チョコレートを完全に溶かさず、少し早めに取り出す）。ゴムべらで混ぜてなめらかに溶かす。

7 スコーンに**6**をつける。

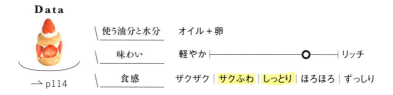

Data

→ p114

使う油分と水分	オイル＋卵
味わい	軽やか ――――○―― リッチ
食感	ザクザク ｜ サクふわ ｜ しっとり ｜ ほろほろ ｜ ずっしり

ショートケーキ風スコーン

材料（4個分）

A｜薄力粉……120g
　｜グラニュー糖……15g
　｜ベーキングパウダー……小さじ1（4g）
　｜塩……ひとつまみ

B｜植物油……45g
　｜溶き卵……40g（約1個分）

クリーム
　｜生クリーム……100g
　｜グラニュー糖……10g

いちご……8個

下準備
・天板にオーブンシートを敷く
・オーブンを190℃に温める
・いちごは4個を約5mm幅の輪切りにする

作り方

1 ポリ袋にAを入れ、袋の口をねじってしっかりと閉じ、よくふり混ぜる。

2 Bをよく混ぜて1に加え、袋の口をねじってしっかりと閉じ、まとまるまでふり混ぜる。

3 ポリ袋の2辺をハサミで切って開く。ポリ袋の上から生地を押し広げ、半分に折る。これをあと2〜3回くり返す。

4 めん棒で2〜2.5cm厚さにのばし、直径5cmの抜き型に薄力粉（分量外）を薄くつけて抜く。残った生地を重ねてまとめ、同様にして計4個抜く（残った生地は丸めて、5でいっしょに焼くとよい）。

5 天板に間隔をあけて並べ、190℃のオーブンで16〜18分焼く。焼きあがったら冷ましておく。

6 クリームを作る。ボウルに生クリームとグラニュー糖を入れ、角がピンと立つまで泡立てる。

7 スコーンの厚みを半分に切り、下半分に6をこんもりとのせ、その周囲に5mm幅に切ったいちごを飾り、上半分をのせる。生クリームといちごを飾る。

▶フルーツは好みのものでOK。シャインマスカットやチェリーなどもおすすめです。

decoration scones

キャラメルスコーン
アイスキャラメルナッツのせ

作り方 → p136

魅惑的な食材のオンパレードで、歓喜の声がもれてしまいそうなプレートです。

キャラメルの苦みで全体の味を引き締め、ナッツの香ばしさをアクセントに。

土台に使ったスコーンが濃厚なモンブランクリームを受け止め、味も見た目もケーキそのもの。フォークを入れると、クリームの中には栗がひと粒かくれんぼ。

decoration scones
モンブラン風スコーン

作り方 → p135

きなこの香ばしさをしっかり感じるアイシングが、懐かしくも新しい味。噛むたびに、生地に潜ませたごまが口の中でプチプチと弾けます。

decoration scones
きなこアイシング＋ごまのスコーン

作り方 → p134

decoration scones
シナモンロール風スコーン

作り方 → p133

北欧のそれと同じくシナモンペーストを巻き込んで、フロスティングでお化粧を。ヘーゼルナッツを散らして上質なコクを加え、食感よく焼きあげました。

紅茶の豊かな香りの生地と、ほんのりミルキーなクリームで上品な仕上がり。上にのせたホワイトチョコレートは、ふわっと舞い降りた新雪のよう。

decoration scones
ホワイトチョコクリーム＋紅茶のスコーン

作り方 → p132

121

decoration scones

ラズベリーアイシング＋ピスタチオのスコーン

作り方 → p131

ラズベリーピンクと、ピスタチオグリーンに、生地のココアブラウン。
見た目の色合わせも、味のバランスも好相性のトリオをひとつのスコーンに。

decoration scones
キャロットケーキ風スコーン

作り方 → p130

ほんのりスパイシーな生地にフロスティングのチーズの風味がよく合います。まさに、キャロットケーキのスコーン版といったところです。

ブルーベリーの果実が入っているから、生地はしっとり。ベリーの甘酸っぱさと、エレガントな色を生かしたクリームをたっぷりのせて召し上がれ。

decoration scones
ダブルブルーベリースコーン

作り方 → p129

decoration scones
レモンケーキ風スコーン

作り方 → p128

レモンの香りがふわっと漂う生地に、甘みと酸味が調和したさわやかなレモンアイシングをかけて。シャリッとした食感も楽しめます。

ココア生地にツヤめくガナッシュをまとわせて、ダブルチョコ仕立てに。誰もが魅了されそうな、満足度の高いスコーンです。

decoration scones
チョコレートガナッシュスコーン

作り方 → p127

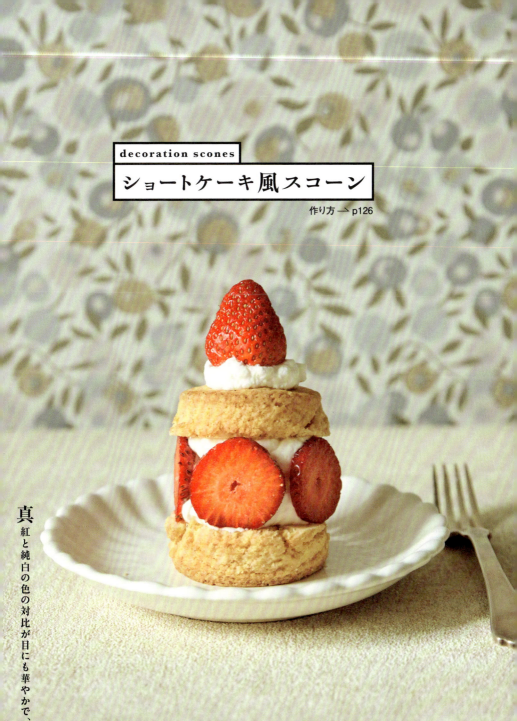

decoration scones
ショートケーキ風スコーン

作り方 → p126

真紅と純白の色の対比が目にも華やかで、抜群に愛らしい仕上がりです。クリームの水分がしみて、時間とともに生地はしっとりに。

Chapter4 decoration scones

デコスコーン

まるでケーキのようにデコレーションを施したスコーンです。
見た目が華やかで、とことんかわいく、味を重ねた分だけリッチな仕上がり。
スコーンはシンプルがゆえにアレンジの余地が残っていて、
フォークで(ときにはナイフも伴って)食べたい、
少しかしこまったしゃれたデザートにアレンジできるのも魅力のひとつです。

Q&A

Point2

Q アイシングのバリエーションが知りたい。

A アイシングは飾りつけに使う砂糖衣のこと。粉砂糖に水分を混ぜるだけなので、水分を換えれば、さまざまな味が作れます。スプーンでなめらかになるまで混ぜたらできあがりです。かたければ水分を1〜2滴ずつ様子を見ながら加え、ゆるければ粉砂糖を少しずつ足して調整してください。乾くと固まるので、使う直前に作りましょう。作りやすい分量でバリエーションを紹介します。

粉砂糖30g ＋

- インスタントコーヒー小さじ1＋牛乳約小さじ1 ⇒ **コーヒーアイシング**
- ココアパウダー小さじ1＋水約小さじ1 ⇒ **ココアアイシング**
- 抹茶小さじ1＋水約小さじ1 ⇒ **抹茶アイシング**
- いちごジャム約小さじ2 ⇒ **いちごアイシング**
- メープルシロップ約大さじ1 ⇒ **メープルアイシング**
- プレーンヨーグルト約大さじ1/2 ⇒ **ヨーグルトアイシング**
- 牛乳約小さじ1 ⇒ **ミルクアイシング**
- ラム酒約大さじ1/2 ⇒ **ラムアイシング**

＊レモンアイシング（p128）、ラズベリーアイシング（p131）、きなこアイシング（p134）も参考に。

Q 砂糖の種類を換えると仕上がりにどう影響する？

A この本ではおもにグラニュー糖か、きび砂糖を使っています。どちらもサラサラしているので、ポリ袋でふり混ぜるときに粉と混ざりやすく、ポリ袋で作るスコーンに向いているからです。ほかの砂糖でももちろん作れるので、代表的な砂糖を使って、焼きあがりの違いを検証してみました。

グラニュー糖
甘みがもっとも強い印象

微粒子グラニュー糖
グラニュー糖とほぼ変わりない。生地にきめ細かさを感じる

きび砂糖
コクがある甘み。くどい甘みではない。生地の色がほんのり茶色く、ややしっとりした生地感

上白糖
グラニュー糖と比べると甘みが弱い印象。生地はしっとりしている

三温糖
口に残るような、まったりとした甘み。生地はややパサつきがある

粉砂糖
上品な甘みで、グラニュー糖と似ている。外も中もなめらかで、きめ細かな焼きあがり

結論
甘みも生地の焼きあがりも多少の違いはあるものの、大きな差はありませんでした。よって、どの砂糖を使っても問題はなさそうです。

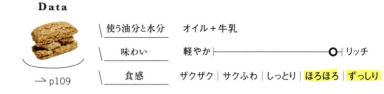

Data
使う油分と水分	オイル＋牛乳
味わい	軽やか ─────────○─ リッチ
食感	ザクザク ｜ サクふわ ｜ しっとり ｜ ==ほろほろ== ｜ ==ずっしり==

→ p109

モカバタークリームスコーン

材料（6個分）

A｜薄力粉……120g
　｜グラニュー糖……15g
　｜ベーキングパウダー……小さじ1（4g）
　｜塩……ひとつまみ
　｜インスタントコーヒー（粉末のもの）
　｜　……4〜5g
　｜くるみ……25g

B｜植物油……40g
　｜牛乳……45g

モカバタークリーム

｜バター……90g
｜粉砂糖……30g
｜コンデンスミルク……30g
｜牛乳……5g
｜インスタントコーヒー
｜　（粉末のもの）……4〜5g

下準備
・くるみは細かく砕く
・バターは室温でやわらかくしておく（電子レンジでもOK）
・天板にオーブンシートを敷く
・オーブンを190℃に温める

作り方

1　ポリ袋にAを入れ、袋の口をねじってしっかりと閉じ、よくふり混ぜる。

2　1にBを加え、袋の口をねじってしっかりと閉じ、まとまるまでふり混ぜる。

3　ポリ袋の2辺をハサミで切って開く。ポリ袋の上から生地を押し広げ、半分に折る。これをあと2〜3回くり返す。

4　2〜2.5cm厚さの長方形にととのえ、包丁で棒状に6等分にする。

5　天板に間隔をあけて並べ、190℃のオーブンで16分ほど焼く。焼きあがったら冷ましておく。

6　モカバタークリームを作る。ボウルにバターを入れ、粉砂糖、コンデンスミルクを順に加え、そのつどよく混ぜる。牛乳にインスタントコーヒーを加えて溶かしてから加え、さらによく混ぜる。

7　スコーンの厚みを半分に切り、6をはさむ。

Data

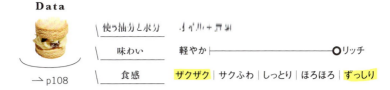
→ p108

使う油分と水分	サラダ油＋豆乳
味わい	軽やか ——————○ リッチ
食感	**ザクザク**	サクふわ	しっとり	ほろほろ	**ずっしり**

ラムレーズンバタークリームスコーン

材料（4個分）

A
- 薄力粉……120g
- グラニュー糖……15g
- ベーキングパウダー……小さじ½（2g）
- 塩……ひとつまみ

B
- 植物油……40g
- 豆乳……25g

ラムレーズンバタークリーム
- バター……45g
- 粉砂糖……15g
- コンデンスミルク……15g
- ラムレーズン（p87）……30g

下準備

・バターは室温でやわらかくしておく（電子レンジでもOK）
・ラムレーズンはラム酒をしっかりきる
・天板にオーブンシートを敷く
・オーブンを190℃に温める

作り方

1 ポリ袋に**A**を入れ、袋の口をねじってしっかりと閉じ、よくふり混ぜる。

2 **1**に**B**を加え、袋の口をねじってしっかりと閉じ、まとまるまでふり混ぜる。

3 ポリ袋の2辺をハサミで切って開く。ポリ袋の上から生地を押し広げ、半分に折る。これを2～3回くり返す。

4 めん棒で8mm～1cm厚さにのばし、直径5cmの抜き型に薄力粉（分量外）を薄くつけて抜く。残った生地を重ねてまとめ、同様にして計8個抜く（残った生地は丸めて、**5**でいっしょに焼くとよい）。

5 天板に間隔をあけて並べ、190℃のオーブンで14分ほど焼く。焼きあがったら冷ましておく。

6 ラムレーズンバタークリームを作る。ボウルにバターを入れ、粉砂糖、コンデンスミルクを順に加え、そのつどよく混ぜる。なめらかに混ざったら、ラムレーズンを加えて混ぜる。

7 スコーン2枚で**6**をはさむ。

> sandwich scones

モカバタークリーム スコーン

作り方 → p111

濃厚なクリームは、コーヒーの苦みをしっかりきかせた大人味♥
生地にかくれんぼしているくるみとの相性もバッチリです！

sandwich scones

ラムレーズンバター
クリームスコーン

作り方 → p110

人気菓子のレーズンサンドにヒントを得て、できたのがこのスコーン。

華やかな香りのラム酒がレーズンにしっかりしみていて、なんとも贅沢な味わい！

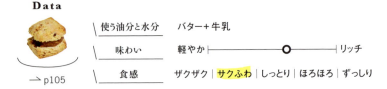

Data
- 使う油分と水分: バター＋牛乳
- 味わい: 軽やか ———○— リッチ
- 食感: ザクザク | **サクふわ** | しっとり | ほろほろ | ずっしり

→ p105

パイナップルケーキ風スコーン

材料（6個分）

A
- 薄力粉……120g
- 黒糖（粉末のもの）……15g
- ベーキングパウダー……小さじ1(4g)
- 塩……ひとつまみ

B
- バター……40g
- 牛乳……40g

パイナップルあん
- パイナップル……300g
- きび砂糖……40g
- レモン汁……小さじ1

下準備
- パイナップルは3〜4cm角に切る
- バターは小さく切り、電子レンジで1分ほど加熱して溶かす
- 天板にオーブンシートを敷く

作り方

1 パイナップルあんを作る。パイナップルをハンドブレンダーまたはフードプロセッサーでピュレ状にする（なければ包丁で細かく刻む）。鍋に入れ、残りの材料を加えて中火にかけ、混ぜながら水分を飛ばし、ぽってりとしたジャム状になるまで煮詰める。

2 オーブンを190℃に温める。ポリ袋にAを入れ、袋の口をねじってしっかりと閉じ、よくふり混ぜる。

3 2のポリ袋にBを加え、袋の口をねじってしっかりと閉じ、まとまるまでふり混ぜる。

4 ポリ袋の2辺をハサミで切って開く。ポリ袋の上から生地を押し広げ、半分に折る。これをあと2〜3回くり返す。

5 2〜2.5cm厚さの長方形にととのえ、包丁で6等分にする。

6 天板に間隔をあけて並べ、190℃のオーブンで16分ほど焼く。焼きあがったら冷ましておく。

7 スコーンの厚みを半分に切り、1をはさむ。

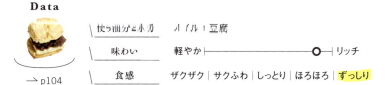

Data

→ p104

使う油分と水分	オイル+豆腐
味わい	軽やか ——————○— リッチ
食感	ザクザク / サクふわ / しっとり / ほろほろ / ==ずっしり==

あんバタースコーン

材料（6個分）

A | 薄力粉……120g
　| グラニュー糖……15g
　| ベーキングパウダー……小さじ1（4g）
　| 塩……ひとつまみ

B | 植物油……45g
　| 絹ごし豆腐……軽く水きりして70g

こしあん、バター（有塩）……各適量

下準備

・天板にオーブンシートを敷く
・オーブンを190℃に温める

作り方

1. ポリ袋にAを入れ、袋の口をねじってしっかりと閉じ、よくふり混ぜる。

2. Bをよく混ぜて1に加え、袋の口をねじってしっかりと閉じ、まとまるまでふり混ぜる。

3. ポリ袋の2辺をハサミで切って開く。ポリ袋の上から生地を押し広げ、半分に折る。これをあと2〜3回くり返す。

4. 2〜2.5cm厚さの長方形にととのえ、包丁で6等分にする。

5. 天板に間隔をあけて並べ、190℃のオーブンで18分ほど焼く。焼きあがったら冷ましておく。

6. スコーンの厚みを半分に切り、バターとこしあんをはさむ。

▶スライスしたいちごなどのフルーツをいっしょにはさむのもおすすめ。酸味とフレッシュ感があんバターに合います。

sandwich scones
パイナップルケーキ風スコーン

作り方 → p107

台湾の人気おみやげ菓子をスコーンに。間には生のパイナップルから作ったあん、上下は黒糖入りの生地でがっちりと包囲。甘酸っぱさにそそられて、パクパクいけちゃう!

sandwich scones
あんバタースコーン

作り方 → p106

分厚く切ったバターに、
あんこをたっぷり重ねて、
サックリ生地でサンド。
甘〜いあんこと、
バターの塩気とミルク感のあるコク
の相性は……、知っての通り！
ぱくっとして、幸せにひたりましょう。

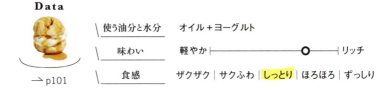

Data

使う油分と水分	オイル＋ヨーグルト
味わい	軽やか ├─────○─┤ リッチ
食感	ザクザク｜サクふわ｜**しっとり**｜ほろほろ｜ずっしり

→ p101

メープルクリームスコーン

材料（6個分）

A
- 薄力粉……120g
- きび砂糖……25g
- ベーキングパウダー……小さじ1（4g）
- 塩……ひとつまみ
- カシューナッツ……25g

B
- 植物油……40g
- プレーンヨーグルト（無糖）……45g

メープルクリーム
- 生クリーム……120g
- メープルシロップ……10g

メープルシロップ（仕上げ用）……適量

下準備
・カシューナッツは細かく砕く
・天板にオーブンシートを敷く
・オーブンを190℃に温める

作り方

1 ポリ袋にAを入れ、袋の口をねじってしっかりと閉じ、よくふり混ぜる。

2 Bをよく混ぜて1に加え、袋の口をねじってしっかりと閉じ、まとまるまでふり混ぜる。

3 ポリ袋の2辺をハサミで切って開く。ポリ袋の上から生地を押し広げ、半分に折る。これをあと2〜3回くり返す。

4 6等分にし、それぞれ丸める。

5 天板に間隔をあけて並べ、190℃のオーブンで16分ほど焼く。焼きあがったら冷ましておく。

6 メープルクリームを作る。ボウルに生クリームとメープルシロップを入れ、角がピンと立つまで泡立てる。

7 スコーンの厚みを半分に切り、6をはさむ。仕上げ用のメープルシロップをかける。

▶メープルシロップの代わりにはちみつを使うと、ハニークリームスコーンとして楽しめます。

ティラミス風スコーン

Data
→ p100

使う油分と水分	オイル＋卵
味わい	軽やか ――――――〇 リッチ
食感	ザクザク｜サクふわ｜**しっとり**｜ほろほろ｜ずっしり

材料（6個分）

A
- 薄力粉……120g
- グラニュー糖……15g
- ベーキングパウダー……小さじ1（4g）
- 塩……ひとつまみ

B
- 植物油……45g
- 溶き卵……40g（約1個分）

マスカルポーネクリーム
- マスカルポーネチーズ……180g
- グラニュー糖……20g

コーヒーリキュール、
  ココアパウダー……各適量

下準備
・天板にオーブンシートを敷く
・オーブンを190℃に温める

作り方

1 マスカルポーネクリームを作る。ボウルに材料を入れて混ぜ、冷蔵庫へ入れておく。

2 ポリ袋にAを入れ、袋の口をねじってしっかりと閉じ、よくふり混ぜる。

3 Bをよく混ぜて2に加え、袋の口をねじってしっかりと閉じ、まとまるまでふり混ぜる。

4 ポリ袋の2辺をハサミで切って開く。ポリ袋の上から生地を押し広げ、半分に折る。これをあと2〜3回くり返す。

5 2〜2.5cm厚さの長方形にととのえ、包丁で6等分にする。

6 天板に間隔をあけて並べ、190℃のオーブンで16分ほど焼く。焼きあがったら冷ましておく。

7 スコーンの厚みを半分に切り、下半分にコーヒーリキュールを刷毛またはスプーンでしみ込ませ、**1**をのせる。上半分を重ね、コーヒーリキュールをしみ込ませ、**1**をのせる。ココアパウダーを茶こしでふる。

やさしい甘みのクリームを
たっぷりはさんで、
上にはメープルシロップを
たっぷりかけて、
メープル感マシマシに。

| sandwich scones
メープルクリームスコーン

作り方 → p103

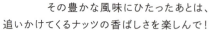
その豊かな風味にひたったあとは、
追いかけてくるナッツの香ばしさを楽しんで！

コーヒーリキュールが
しみたしっとり生地に、

マスカルポーネクリームを
ぽとっと落として、
かぽっとサンド。

sandwich scones
ティラミス風スコーン

作り方 → p102

なんと、これを
もう一度くり返して2層仕立てに！
最後にココアをパラパラ〜。

Data

使う油分と水分	オイル＋ヨーグルト
味わい	軽やか ├────────○┤ リッチ
食感	ザクザク｜**サクふわ**｜しっとり｜ほろほろ｜ずっしり

→ p97

レアチーズクリームスコーン

材料（6個分）

A
- 薄力粉……120g
- グラニュー糖……20g
- ベーキングパウダー……小さじ1(4g)
- 塩……ひとつまみ

B
- 植物油……40g
- プレーンヨーグルト（無糖）……45g

バニラクリームココアクッキー……50g

レアチーズクリーム
- クリームチーズ……50g
- グラニュー糖……20g
- サワークリーム……25g
- 生クリーム……60g
- レモン汁……小さじ1/2

下準備
・ココアクッキーは手で粗く割る
・クリームチーズは室温でやわらかくしておく（電子レンジでもOK）
・天板にオーブンシートを敷く

作り方

1 レアチーズクリームを作る。ボウルにクリームチーズとグラニュー糖を入れて泡立て器でよく混ぜ、サワークリーム、生クリーム、レモン汁を順に加え、そのつどよく混ぜる。冷蔵庫へ入れておく。

2 オーブンを190℃に温める。ポリ袋に**A**を入れ、袋の口をねじってしっかりと閉じ、よくふり混ぜる。

3 **B**をよく混ぜて**2**のポリ袋に加え、ココアクッキーを加える。袋の口をねじってしっかりと閉じ、まとまるまでふり混ぜる。

4 ポリ袋の2辺をハサミで切って開く。ポリ袋の上から生地を押し広げ、半分に折る。これをあと2～3回くり返す。

5 2～2.5cm厚さの長方形にととのえ、包丁で6等分にする。

6 天板に間隔をあけて並べ、190℃のオーブンで16～18分焼く。焼きあがったら冷ましておく。

7 スコーンの厚みを半分に切り、**1**をはさむ。

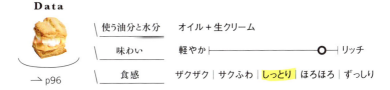

Data

使う油分と水分	オイル＋生クリーム
味わい	軽やか ──────●─ リッチ
食感	ザクザク ｜ サクふわ ｜ <mark>しっとり</mark> ｜ ほろほろ ｜ ずっしり

→ p96

ダブルクリームスコーン

材料（6個分）

A
- 薄力粉……120g
- グラニュー糖……20g
- ベーキングパウダー……小さじ1(4g)
- 塩……ひとつまみ

B
- 植物油……40g
- 生クリーム……40g

カスタードクリーム
- 卵黄……1個
- グラニュー糖……25g
- コーンスターチ……5g
- 牛乳……50g
- 生クリーム……50g

生クリーム（サンド用）……適量

下準備
・天板にオーブンシートを敷く
・オーブンを190℃に温める

作り方

1 ポリ袋にAを入れ、袋の口をねじってしっかりと閉じ、よくふり混ぜる。

2 1にBを加え、袋の口をねじってしっかりと閉じ、まとまるまでふり混ぜる。

3 ポリ袋の2辺をハサミで切って開く。ポリ袋の上から生地を押し広げ、半分に折る。これをあと2〜3回くり返す。

4 2〜2.5cm厚さの長方形にととのえ、包丁で6等分にする。

5 天板に間隔をあけて並べ、190℃のオーブンで16分ほど焼く。焼きあがったら冷ましておく。

6 カスタードクリームを作る。耐熱ボウルに卵黄を溶きほぐし、残りの材料を材料表の順に加え、そのつど混ぜる。電子レンジを2分30秒に設定し、様子を見ながら加熱する。フツフツしてきたら取り出して混ぜ、これを3〜4回くり返す。ツヤのあるとろりとしたクリーム状になったら（やわらかめのマヨネーズくらい）、ボウルの底を氷水に当てて混ぜながら冷ます。

7 サンド用の生クリームを角がピンと立つまで泡立てる。スコーンの厚みを半分に切り、6と生クリームをはさむ。

生クリームのミルク感とカスタードの濃厚さ、どちらも楽しみたいあなたへ。ダブルシュークリームの多幸感をスコーンで再現しました。

sandwich scones
レアチーズクリームスコーン

作り方 → p99

ほろ苦ココアクッキー入りの生地と合わせたら、なんてベストマッチな組み合わせ！

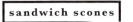

ダブルクリームスコーン

sandwich scones

作り方 → p98

チーズの風味をしっかり感じる、まんまレアチーズケーキのようなクリーム。

Data

→ p93

使う油分と水分	オイル＋生クリーム
味わい	軽やか ─────○─ リッチ
食感	ザクザク ｜ サクふわ ｜ **しっとり** ｜ ほろほろ ｜ **ずっしり**

あんこ生クリームの抹茶スコーン

材料（4個分）

A
- 薄力粉……115g
- 抹茶パウダー……5g
- グラニュー糖……25g
- ベーキングパウダー……小さじ1（4g）
- 塩……ひとつまみ

B
- 植物油……40g
- 生クリーム……40g

生クリーム、こしあん……各適量

下準備
・天板にオーブンシートを敷く
・オーブンを190℃に温める

抹茶パウダーはダマができやすいので、茶こしを使ってこしながら加える。

作り方

1 ポリ袋に薄力粉を入れ、抹茶パウダーを茶こしを通して加える（**a**）。残りの**A**を加え、袋の口をねじってしっかりと閉じ、よくふり混ぜる。

2 1に**B**を加え、袋の口をねじってしっかりと閉じ、まとまるまでふり混ぜる。

3 ポリ袋の2辺をハサミで切って開く。ポリ袋の上から生地を押し広げ、半分に折る。これをあと2〜3回くり返す。

4 めん棒で2〜2.5cm厚さにのばし、直径5cmの抜き型に薄力粉（分量外）を薄くつけて抜く。残った生地を重ねてまとめ、同様にして計4個抜く（残った生地は丸めて、**5**でいっしょに焼くとよい）。

5 天板に間隔をあけて並べ、190℃のオーブンで16〜18分焼く。焼きあがったら冷ましておく。

6 生クリームを角がピンと立つまで泡立てる。スコーンの厚みを半分に切り、こしあんと生クリームをはさむ。

▶あんこは好みのものでOK。粒あんや白あんのほか、うぐいすあんや桜あん、ずんだあん、栗あん、いもあんなど季節のあんこもおすすめです。

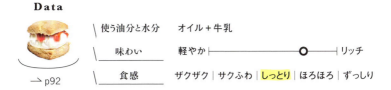

Data

使う油分と水分	オイル＋牛乳
味わい	軽やか ├─────○─┤ リッチ
食感	ザクザク｜サクふわ｜<mark>しっとり</mark>｜ほろほろ｜ずっしり

→ p92

ヴィクトリアケーキ風スコーン

材料（6個分）

A
- 薄力粉……120g
- グラニュー糖……20g
- ベーキングパウダー……小さじ1（4g）
- 塩……ひとつまみ

B
- 植物油……40g
- 牛乳……40g

生クリーム、いちごジャム……各適量

下準備
- 天板にオーブンシートを敷く
- オーブンを190℃に温める

作り方

1 ポリ袋に**A**を入れ、袋の口をねじってしっかりと閉じ、よくふり混ぜる。

2 1に**B**を加え、袋の口をねじってしっかりと閉じ、まとまるまでふり混ぜる。

3 ポリ袋の2辺をハサミで切って開く。ポリ袋の上から生地を押し広げ、半分に折る。これをあと2〜3回くり返す。

4 2〜2.5cm厚さの長方形にととのえ、包丁で6等分にする。

5 天板に間隔をあけて並べ、190℃のオーブンで16分ほど焼く。焼きあがったら冷ましておく。

6 生クリームを角がピンと立つまで泡立てる。スコーンの厚みを半分に切り、生クリームとジャムをはさむ。

▶ジャムはラズベリー、ブルーベリー、マーマレードなど、好みのものでかまいません。

これぞ、JAPANESEヴィクトリアケーキといったところ。抹茶の風味が濃い生地に、あんこの甘さとミルキーな生クリーム。合わないわけがありません！

sandwich scones
あんこ生クリームの抹茶スコーン
作り方 → p95

イギリス生まれのケーキをアレンジ。真っ赤なジャムと濃い白なクリームの取り合わせは、反則級のおいしさ。

sandwich scones
ヴィクトリアケーキ風スコーン

作り方 → p94

Chapter3　sandwich scones

サンドスコーン

クリームやあんこ、ジャムなどを間にはさんだアレンジスコーン。
重ねた層が着目ポイントなので、
ぜひ真横からも観察を。
上のスコーンをはずしてクリームをつけながらでも、一気にかぶりついても。
少々食べにくいかもしれませんが、そんなことは度外視で、
重ねることを楽しんでしまおう!

Q&A

Part1

Q 温め直しは？

A 電子レンジで様子を見ながら10〜20秒ほど温めます。加熱時間が少ないのでラップの有無はどちらでもかまいません。少しでも水分を飛ばしたくないならあり、気にしないならなしで。

しっとりや、ほわっとした食感のスコーンが好きな人は、電子レンジで加熱するだけで召し上がれ。電子レンジで加熱したものは冷めるとかたくなりやすいので、温かいうちに食べてください。

サクッとした食感が好きな人は、電子レンジで軽く温めたあと、さらにオーブントースターで焼いて表面をかりっとさせましょう。電子レンジを使わずに、アルミ箔で包んだスコーンをオーブントースターで2分ほど温め、アルミ箔を取って表面を焼いてもOK。

Q 焼きが足りないときは？

A 「表面にほどよい焼き色がつき、裏面にもきちんと焼き色がついている」のが、焼けている目安。レシピの指定温度と時間で焼いても色が淡いなら、その日はいい焼き色がつくまで時間を足して焼いてください。

次に焼くときは、時間はそのままで、温度を10〜20℃くらい上げてみてください。指定の焼き時間くらいでいい具合になるように、温度で調整をするわけです。本書記載のオーブンの温度と時間はあくまでも目安なので、お持ちのオーブンの適温を見つけましょう。

もうひとつ大事なのが、予熱をしっかり行い、庫内の温度を安定させること。予熱完了音が1回鳴ったらすぐに生地を入れるのではなく、そのまま扉を開けず、十分に温めましょう。設定温度を10〜20℃高めにして予熱し、生地を入れたら指定の温度に下げて焼く方法もおすすめです。

Q 保存方法は？

A 翌日までなら、ラップで包む、ポリ袋に入れる、保存容器に入れるなど乾燥しないようにして、常温保存でOK。

それ以上保存する場合は、焼いたその日のうちに、ひとつずつラップで包み、ジッパーつきの保存袋に入れて冷凍庫へ。ただし、サンドスコーンとデコスコーンは冷蔵庫で保存し、翌日までには食べてください。

Q 解凍方法は？

A 好みの食感によって温め方が異なります。

・やわらかく食べたい場合
　ラップで包んだ状態で、凍ったまま電子レンジで40〜60秒ほど温めます。

・サクッとさせたい場合
　ラップで包んだ状態で、凍ったまま電子レンジで30〜50秒ほど温めて、ラップをはずしてオーブントースターで表面を軽く焼きます。

実は、常温で食べたときにサクサク、ザクザクとした食感のスコーンは、凍ったまま食べてもおいしいんです。生クリームを使ったスコーンなど、多めの水分を加えてしっとりと焼いたもの以外は、「凍りスコーン」としても楽しめるので、お試しください。

Data

使う油分と水分	オイル＋ヨーグルト
味わい	軽やか ——————○— リッチ
食感	ザクザク ｜ サクふわ ｜ しっとり ｜ <mark>ほろほろ</mark> ｜ <mark>ずっしり</mark>

→ p85

シュトレン風スコーン

材料（6個分）

A
- 薄力粉……120g
- きび砂糖……15g
- ベーキングパウダー……小さじ1（4g）
- 塩……ひとつまみ
- シナモンパウダー……小さじ1/2（1g）
- くるみ……40g

B
- 植物油……40g
- プレーンヨーグルト（無糖）……40g

ドライフルーツの洋酒漬け（市販品）……60g
粉砂糖（溶けにくいタイプ）……適量

下準備
- くるみは粗く砕く
- 天板にオーブンシートを敷く
- オーブンを190℃に温める

作り方

1 ポリ袋に**A**を入れ、袋の口をねじってしっかりと閉じ、よくふり混ぜる。

2 **B**をよく混ぜて**1**に加え、ドライフルーツの洋酒漬けを加える。袋の口をねじってしっかりと閉じ、まとまるまでふり混ぜる。

3 ポリ袋の2辺をハサミで切って開く。ポリ袋の上から生地を押し広げ、半分に折る。これをあと2〜3回くり返す。

4 2〜2.5cm厚さの円形にととのえ、包丁で放射状に6等分にする。

5 天板に間隔をあけて並べ、190℃のオーブンで18分ほど焼く。冷めたら茶こしで粉砂糖をふる。

▶ オーブンから出してすぐ表面にラム酒を刷毛でしみ込ませると、しっとりでリッチ感にあふれる、大人向けのスコーンになります。

Data

使う油分と水分	オイル＋豆乳
味わい	軽やか ○────────┤ リッチ
食感	**ザクザク** ｜ サクふわ ｜ しっとり ｜ ほろほろ ｜ ずっしり

→ p84

スパイスハニースコーン

材料（6個分）

A
- 薄力粉……120g
- きび砂糖……20g
- ベーキングパウダー……小さじ1/2（2g）
- 塩……ひとつまみ
- シナモンパウダー……小さじ1/2（1g）
- カルダモンパウダー、コリアンダーパウダー、ナツメグパウダー、黒こしょう……各少々

B
- 植物油……40g
- 豆乳……20g
- はちみつ……10g

下準備
・天板にオーブンシートを敷く
・オーブンを190℃に温める

作り方

1 ポリ袋にAを入れ、袋の口をねじってしっかりと閉じ、よくふり混ぜる。

2 1にBを加え、袋の口をねじってしっかりと閉じ、まとまるまでふり混ぜる。

3 ポリ袋の2辺をハサミで切って開く。ポリ袋の上から生地を押し広げ、半分に折る。これをあと2～3回くり返す。

4 1.5～2cm厚さの長方形にととのえ、包丁で棒状に6等分にする。

5 天板に間隔をあけて並べ、190℃のオーブンで16～18分焼く。

▶スパイスの種類や組み合わせは好みで換えてOK。きび砂糖の代わりにブラウンシュガーを使うのもおすすめ。香りとコクに深みが出ます。

Data

使う油分と水分	生クリーム
味わい	軽やか ――――○― リッチ
食感	ザクザク｜サクふわ｜**しっとり**｜ほろほろ｜ずっしり

→ p83

コーヒーとラムレーズンのスコーン

材料（6個分）

A
- 薄力粉……120g
- グラニュー糖……30g
- ベーキングパウダー……小さじ1（4g）
- 塩……ひとつまみ
- インスタントコーヒー（粉末のもの）……4〜5g

生クリーム（乳脂肪分45〜47％）……110g
ラムレーズン*……40g

*ラムレーズンは市販品でOK。もし手作りするなら、オイルコーティングなしのレーズンを保存用のビンに入れ、ラム酒をかぶるくらいまで加える。翌日から使えるが、1週間以上おいたほうが味がなじむ。

下準備
・ラムレーズンはラム酒をしっかりきる
・天板にオーブンシートを敷く
・オーブンを190℃に温める

作り方

1. ポリ袋にAを入れ、袋の口をねじってしっかりと閉じ、よくふり混ぜる。

2. 1に生クリームとラムレーズンを加え、袋の口をねじってしっかりと閉じ、まとまるまでふり混ぜる。

3. ポリ袋の2辺をハサミで切って開く。ポリ袋の上から生地を押し広げ、半分に折る。これをあと2〜3回くり返す。

4. 6等分にし、それぞれ丸める。

5. 天板に間隔をあけて並べ、190℃のオーブンで18分ほど焼く。

▶コーヒーアイシングやラムアイシング（→p112）をかけて仕上げてもおいしいです。

Data

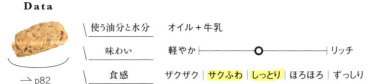
→ p82

使う油分と水分	オイル＋牛乳
味わい	軽やか ├────●────┤ リッチ
食感	ザクザク ｜ <mark>サクふわ</mark> ｜ <mark>しっとり</mark> ｜ ほろほろ ｜ ずっしり

シナモンジンジャースコーン

材料（6個分）

A
- 薄力粉……120g
- きび砂糖……25g
- ベーキングパウダー……小さじ1（4g）
- 塩……ひとつまみ
- シナモンパウダー……小さじ½（1g）

B
- 植物油……40g
- 牛乳……30g

しょうが……30g

下準備

・しょうがはみじん切りにする
・天板にオーブンシートを敷く
・オーブンを190℃に温める

作り方

1 ポリ袋にAを入れ、袋の口をねじってしっかりと閉じ、よくふり混ぜる。

2 1にBとしょうがを加え、袋の口をねじってしっかりと閉じ、まとまるまでふり混ぜる。

3 ポリ袋の2辺をハサミで切って開く。ポリ袋の上から生地を押し広げ、半分に折る。これをあと2〜3回くり返す。

4 2〜2.5cm厚さの長方形にととのえ、包丁で棒状に6等分にする。

5 天板に間隔をあけて並べ、190℃のオーブンで16〜18分焼く。

▶きび砂糖を粉末の黒糖にすると、より個性の強い味わいになります。

scones with filling
シュトレン風スコーン

作り方 → p89

洋酒の高貴な香りとナッツの食感を生地に潜ませたら、クリスマス気分に即ワープ！

scones with filling
スパイスハニースコーン

作り方 → p88

いろんなスパイスをミックスさせて粉とふりふり。スパイスのクセになる味で、リピート決定。

scones with filling
コーヒーとラムレーズンのスコーン

作り方 → p87

ほろ苦いコーヒーに芳醇なラムレーズン。なんておしゃれな組み合わせなんでしょう！ あとをひいてしまいます。

83

しっかり感じるシナモンとしょうがの香り。
メリハリのある味でまた食べたい！と思うはず。

scones with filling
シナモン
ジンジャースコーン

作り方 → p86

Data

使う油分と水分	オイル＋ヨーグルト
味わい	軽やか ├────────○─┤ リッチ
食感	ザクザク ｜ サクふわ ｜ しっとり ｜ ほろほろ ｜ ずっしり

→ p77

キャラメルりんごスコーン

材料（6個分）

A
- 薄力粉……120g
- グラニュー糖……20g
- ベーキングパウダー……小さじ1（4g）
- 塩……ひとつまみ

B
- 植物油……40g
- プレーンヨーグルト（無糖）……40g

キャラメルりんご
- りんご……½個
- グラニュー糖……20g
- 水……小さじ1

下準備
- りんごは種と芯、皮を除いて小さな角切りにする
- 天板にオーブンシートを敷く

砂糖を入れたら色がつくまでさわらずに加熱（すぐに混ぜると結晶化してしまうため）。べっ甲色よりやや濃い色になればOK。

水分があると生地がベタつくので、水分がなくなるまで炒める。

作り方

1 キャラメルりんごを作る。フライパンにグラニュー糖と水を入れて中火にかける。グラニュー糖が溶けて薄い茶色になってきたら、ときどきフライパンをゆすって濃い茶色になるまで焦がす（**a**）。りんごを加え、ときどき混ぜながら汁気がほとんどなくなるまでからめて（**b**）、そのまま冷ます。

2 オーブンを190℃に温める。ポリ袋に**A**を入れ、袋の口をねじってしっかりと閉じ、よくふり混ぜる。

3 **B**をよく混ぜて**2**のポリ袋に加え、**1**を80g加える。袋の口をねじってしっかりと閉じ、まとまるまでふり混ぜる。

4 ポリ袋の2辺をハサミで切って開く。ポリ袋の上から生地を押し広げ、半分に折る。これをあと2〜3回くり返す。

5 2〜2.5cm厚さの長方形にととのえ、包丁で6等分にする。

6 天板に間隔をあけて並べ、190℃のオーブンで16〜18分焼く。

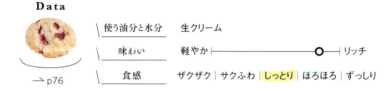

Data

→ p76

使う油分と水分	生クリーム
味わい	軽やか ──────○─ リッチ
食感	ザクザク ｜ サクふわ ｜ <mark>しっとり</mark> ｜ ほろほろ ｜ ずっしり

いちごのスコーン

材料（6個分）

A
- 薄力粉……120g
- グラニュー糖……30g
- ベーキングパウダー……小さじ1（4g）
- 塩……ひとつまみ

B
- 生クリーム（乳脂肪分45〜47％）……110g
- レモン汁……5g

いちご……50g

下準備

・いちごはヘタを取って粗く刻む
・天板にオーブンシートを敷く
・オーブンを190℃に温める

作り方

1 ポリ袋に**A**を入れ、袋の口をねじってしっかりと閉じ、よくふり混ぜる。

2 1に**B**といちごを加え、袋の口をねじってしっかりと閉じ、まとまるまでふり混ぜる。

3 ポリ袋の2辺をハサミで切って開く。ポリ袋の上から生地を押し広げ、半分に折る。これをもう一度くり返す。いちごから水分が出やすいので、つぶしすぎないように手早くまとめる。

4 6等分にしてそれぞれ丸め、手で軽く押さえてつぶす。

5 天板に間隔をあけて並べ、190℃のオーブンで16〜18分焼く。

▶仕上げにミルクアイシング（p112）やレモンアイシング（p128）をかけてもおいしいです。

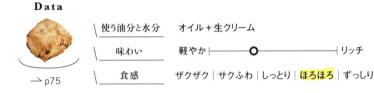

Data
→ p75

使う油分と水分	オイル＋生クリーム
味わい	軽やか ├──────●──────┤ リッチ
食感	ザクザク ｜ サクふわ ｜ しっとり ｜ <mark>ほろほろ</mark> ｜ ずっしり

アプリコットとココナッツのスコーン

材料（6個分）

A ｜ 薄力粉……90g
　　ココナッツファイン……40g
　　グラニュー糖……20g
　　ベーキングパウダー……小さじ1（4g）
　　塩……ひとつまみ

B ｜ 植物油……40g
　　生クリーム……40g

ドライアプリコット……40g

下準備

・アプリコットはざるにのせ、熱湯を回しかけて湯をきり、冷めたら粗く刻む
・天板にオーブンシートを敷く
・オーブンを190℃に温める

作り方

1 ポリ袋にAを入れ、袋の口をねじってしっかりと閉じ、よくふり混ぜる。

2 1にBとアプリコットを加え、袋の口をねじってしっかりと閉じ、まとまるまでふり混ぜる。

3 ポリ袋の2辺をハサミで切って開く。ポリ袋の上から生地を押し広げ、半分に折る。これをあと2〜3回くり返す。

4 2〜2.5cm厚さの長方形にととのえ、包丁で6等分にする。

5 天板に間隔をあけて並べ、190℃のオーブンで16分ほど焼く。

▶アプリコットを加えず焼いてもOK。ほろりとくずれるような生地に焼きあがり、ココナッツファイン特有の食感が楽しめます。

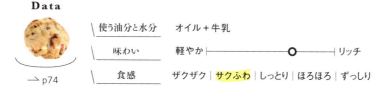

Data

使う油分と水分	オイル＋牛乳
味わい	軽やか ——————○—— リッチ
食感	ザクザク｜==サクふわ==｜しっとり｜ほろほろ｜ずっしり

→ p74

クランベリーミルクスコーン

材料（6個分）

A ｜ 薄力粉……120g
　　グラニュー糖……15g
　　ベーキングパウダー……小さじ1（4g）
　　塩……ひとつまみ

B ｜ 植物油……40g
　　牛乳……30g
　　コンデンスミルク……15g

ドライクランベリー……40g

下準備

・クランベリーはざるにのせ、熱湯を回しかけて湯をきり、そのまま冷ます
・天板にオーブンシートを敷く
・オーブンを190℃に温める

作り方

1 ポリ袋に**A**を入れ、袋の口をねじってしっかりと閉じ、よくふり混ぜる。

2 1に**B**とクランベリーを加え、袋の口をねじってしっかりと閉じ、まとまるまでふり混ぜる。

3 ポリ袋の2辺をハサミで切って開く。ポリ袋の上から生地を押し広げ、半分に折る。これをあと2〜3回くり返す。

4 6等分にし、それぞれ丸める。

5 天板に間隔をあけて並べ、190℃のオーブンで18分ほど焼く。

▶ コンデンスミルクを使うと、ミルキーな甘さが加わり、油分もプラスされるのでさっくり感が少し増します。なければ、牛乳を40gにし、**A**のグラニュー糖を25gに増やして。

scones with filling

キャラメルりんご
スコーン

作り方 → p81

りんごはキャラメリゼして
香ばしさをつけつつ、
甘みと酸味を凝縮。
しっとりほろほろ
生地の中に
たっぷり閉じ込めました。

scones with filling
いちごのスコーン

作り方 → p80

生のいちごを入れちゃうなんて！の驚きのあとは、
ジューシーでおいしい〜！の驚き。

ココナッツの風味とシャリッと感、
アプリコットの甘酸っぱさで **南国フレーバー** のできあがり!

scones with filling
アプリコットと
ココナッツのスコーン

作り方 → p79

ルビーのようなクランベリーがところどころ顔をのぞかせて、かわいさは **ピカイチ！**

scones with filling
クランベリーミルクスコーン

作り方 → p78

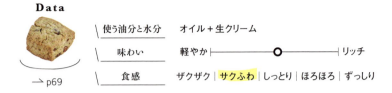

→ p69

Data	
使う油分と水分	オイル＋生クリーム
味わい	軽やか ——○—— リッチ
食感	ザクザク｜**サクふわ**｜しっとり｜ほろほろ｜ずっしり

ほうじ茶とあずきのスコーン

材料（6個分）

A
- 薄力粉……120g
- きび砂糖……25g
- ベーキングパウダー……小さじ1（4g）
- 塩……ひとつまみ
- ほうじ茶の葉（ティーバッグ・葉が細かいもの）……4〜5g

B
- 植物油……40g
- 生クリーム……45g

あずきの甘納豆（市販）……60g

下準備
- 天板にオーブンシートを敷く
- オーブンを190℃に温める

作り方

1 ポリ袋にAを入れ、袋の口をねじってしっかりと閉じ、よくふり混ぜる。

2 1にB、あずきの甘納豆を加え、袋の口をねじってしっかりと閉じ、まとまるまでふり混ぜる。

3 ポリ袋の2辺をハサミで切って開く。ポリ袋の上から生地を押し広げ、半分に折る。これをあと2〜3回くり返す。

4 2〜2.5cm厚さの長方形にととのえ、包丁で6等分にする。

5 天板に間隔をあけて並べ、190℃のオーブンで16分ほど焼く。

▶ほうじ茶は、同量の煎茶の葉に換えるのもおすすめ。ポピュラーなほうじ茶や抹茶とは違った、さわやかな香りと軽い渋みが楽しめます。

Data

使う油分と水分	オイル＋牛乳
味わい	軽やか ——————○—— リッチ
食感	ザクザク ｜ サクふわ ｜ しっとり ｜ ほろほろ ｜ ==ずっしり==

ごまさつまいもスコーン

材料（6個分）

A ｜ 薄力粉……120g
　｜ きび砂糖……20g
　｜ ベーキングパウダー……小さじ1（4g）
　｜ 塩……ひとつまみ

B ｜ 植物油……40g
　｜ 牛乳……40g

さつまいも……100g
バター……10g
塩……少々
きび砂糖……15g
黒いりごま……大さじ1（6g）

下準備

・天板にオーブンシートを敷く

さつまいもはバターで炒めてあらかじめ火を通し、味もつけておく。

作り方

1 さつまいもは皮ごと5mm角に切り、水を2回ほど替えて洗い、水気をきる。フライパンに入れ、バター、塩、きび砂糖を加え、中火で炒める。竹串がすっと通るくらいになったらごまを加えてからめ、そのまま冷ます（**a**）。

2 オーブンを190℃に温める。ポリ袋に**A**を入れ、袋の口をねじってしっかりと閉じ、よくふり混ぜる。

3 2のポリ袋に**B**と**1**を加え、袋の口をねじってしっかりと閉じ、まとまるまでふり混ぜる。

4 ポリ袋の2辺をハサミで切って開く。ポリ袋の上から生地を押し広げ、半分に折る。これをあと2〜3回くり返す。

5 2〜2.5cm厚さの円形にととのえ、包丁で放射状に6等分にする。

6 天板に間隔をあけて並べ、190℃のオーブンで16〜18分焼く。

▶黒いりごまはさつまいもにからめず、**A**の粉類といっしょに入れて作ってもOKです。

Data

→ p67

使う油分と水分	オイル＋豆腐
味わい	軽やか ├─────○─────┤ リッチ
食感	ザクザク ｜ ==サクふわ== ｜ ==しっとり== ｜ ほろほろ ｜ ずっしり

抹茶と黒豆のスコーン

材料（6個分）

A
- 薄力粉……115g
- 抹茶パウダー……5g
- グラニュー糖……30g
- ベーキングパウダー……小さじ1（4g）
- 塩……ひとつまみ

B
- 植物油……45g
- 絹ごし豆腐……軽く水きりして70g

黒豆の甘煮（市販）……60g

抹茶パウダーを直接入れるとダマが生地に残ることがあるので、茶こしを通してサラサラにする。

下準備
・天板にオーブンシートを敷く
・オーブンを190℃に温める

作り方

1 ポリ袋に薄力粉を入れ、抹茶パウダーを茶こしを通して加える（**a**）。残りの**A**を加え、袋の口をねじってしっかりと閉じ、よくふり混ぜる。

2 **B**をよく混ぜて**1**に加え、黒豆を汁気をきって加える。袋の口をねじってしっかりと閉じ、まとまるまでふり混ぜる。

3 ポリ袋の2辺をハサミで切って開く。ポリ袋の上から生地を押し広げ、半分に折る。これをあと2～3回くり返す。

4 6等分にし、それぞれ丸める。

5 天板に間隔をあけて並べ、190℃のオーブンで18分ほど焼く。

▶黒豆の代わりに栗もよく合います。甘露煮だとはんなり和風に、渋皮煮だと洋風に。どちらも栗はざっとくずしてから加えてください。

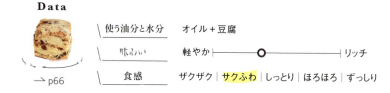

→ p66

Data	
使う油分と水分	オイル + 豆腐
味わい	軽やか ──○── リッチ
食感	ザクザク	**サクふわ**	しっとり	ほろほろ	ずっしり

あんこマーブルスコーン

材料（6個分）

A
- 薄力粉……120g
- グラニュー糖……15g
- ベーキングパウダー……小さじ1（4g）
- 塩……ひとつまみ

B
- 植物油……45g
- 絹ごし豆腐……軽く水きりして70g

粒あん……80g

下準備
・天板にオーブンシートを敷く
・オーブンを190℃に温める

作り方

1 ポリ袋にAを入れ、袋の口をねじってしっかりと閉じ、よくふり混ぜる。

2 Bをよく混ぜて1に加え、粒あんを加える。袋の口をねじってしっかりと閉じ、まとまるまでふり混ぜる。

3 ポリ袋の2辺をハサミで切って開く。ポリ袋の上から生地を押し広げ、半分に折る。これをあと2〜3回くり返す。

4 2〜2.5cm厚さの長方形にととのえ、包丁で6等分にする。

5 天板に間隔をあけて並べ、190℃のオーブンで18分ほど焼く。

▶粒あんはこしあんに換えてもOK。くるみなど好みのナッツ25gほどを細かく砕き、Aに加えるのもおすすめ。

香ばしいほうじ茶を生地に練り込んで和テイストに。
あずきの甘納豆を相棒に据えて。

scones with filling
ほうじ茶とあずきのスコーン

作り方 → p73

scones with filling
ごまさつまいも スコーン

作り方 → p72

バターの風味をまとった
さつまいもを袋にぽいっ!
ほくほくプチプチが楽しい
スコーンです。

抹茶の香りと**ほろ苦さ**をしっかり感じる焼きあがり。
せっかくなので、豆腐の生地を使って和に統一しました。

scones with filling
抹茶と黒豆のスコーン

作り方 → p71

scones with filling
あんこマーブルスコーン

作り方 → p70

あんこもポリ袋に入れて**ふりふり**すると、
なんとなーく混ざってマーブルになるのがおもしろい！

Data

使う油分と水分	オイル＋豆乳
味わい	軽やか ○────────── リッチ
食感	**ザクザク** ｜ サクふわ ｜ しっとり ｜ ほろほろ ｜ ずっしり

→ p61

オートミールとアーモンドのスコーン

材料（6個分）

A
- 薄力粉……80g
- オートミール……40g
- きび砂糖……25g
- ベーキングパウダー……小さじ1/2（2g）
- 塩……ひとつまみ
- アーモンド……40g

B
- 植物油……40g
- 豆乳……20g

下準備
- アーモンドは細かく砕く
- 天板にオーブンシートを敷く
- オーブンを190℃に温める

作り方

1 ポリ袋にAを入れ、袋の口をねじってしっかりと閉じ、よくふり混ぜる。

2 1にBを加え、袋の口をねじってしっかりと閉じ、まとまるまでふり混ぜる。

3 ポリ袋の2辺をハサミで切って開く。ポリ袋の上から生地を押し広げ、半分に折る。これをあと2〜3回くり返す。

4 6等分にして丸め、手で押さえて約1cm厚さにする。

5 天板に間隔をあけて並べ、190℃のオーブンで18分ほど焼く。

▶Aにチョコチップを好みの量加えても。具だくさんの厚焼きクッキーのような味わいが楽しめます。

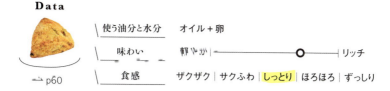

Data
使う油分と水分	オイル＋卵
味わい	軽やか ————○—— リッチ
食感	ザクザク｜サクふわ｜**しっとり**｜ほろほろ｜ずっしり

→ p60

かぼちゃのスコーン

材料（6個分）

A
- 薄力粉……120g
- きび砂糖……30g
- ベーキングパウダー……小さじ1（4g）
- 塩……ひとつまみ

B
- 植物油……45g
- 溶き卵……20g（約 1/2 個分）

かぼちゃ*……80g

＊ねっとりしたかぼちゃより、ほくほくしたタイプが向いている。

下準備

・かぼちゃは3〜4cm角に切り、電子レンジで3分ほど加熱し、冷ます
・天板にオーブンシートを敷く
・オーブンを190℃に温める

作り方

1 ポリ袋にAを入れ、袋の口をねじってしっかりと閉じ、よくふり混ぜる。

2 Bをよく混ぜて1に加え、かぼちゃを加える。袋の口をねじってしっかりと閉じ、まとまるまでふり混ぜる。

3 ポリ袋の2辺をハサミで切って開く。ポリ袋の上から生地を押し広げ、半分に折る。これをあと2〜3回くり返す。

4 2〜2.5cm厚さの円形にととのえ、包丁で放射状に6等分にする。

5 天板に間隔をあけて並べ、190℃のオーブンで16分ほど焼く。

▶かぼちゃはスパイスと相性がいいので、シナモンパウダー、カルダモンパウダー、オールスパイスなどを少量加え、香り豊かなスコーンにしても。

黒糖くるみスコーン

→ p59

Data
使う油分と水分	オイル＋牛乳
味わい	軽やか ———○——— リッチ
食感	**ザクザク** / サクふわ / しっとり / ほろほろ / ずっしり

材料（8個分）

A
- 薄力粉……120g
- 黒糖（粉末のもの）……15g
- ベーキングパウダー……小さじ1（4g）
- 塩……ひとつまみ
- くるみ……35g

B
- 植物油……40g
- 牛乳……40g

黒糖ペースト
- 黒糖（粉末のもの）……20g
- バター……15g

下準備
・くるみは細かく砕く
・黒糖ペーストのバターは電子レンジで20秒ほど加熱してやわらかくし、黒糖を混ぜる
・天板にオーブンシートを敷く
・オーブンを190℃に温める

巻くときに押されてはみ出ないように、空きを作って塗る。

手前の生地を少し巻いて芯を作り、ポリ袋を持ち上げて巻く。

巻き終わりは指でなぞるようにしてくっつける。

作り方

1 ポリ袋に**A**を入れ、袋の口をねじってしっかりと閉じ、よくふり混ぜる。

2 1に**B**を加え、袋の口をねじってしっかりと閉じ、まとまるまでふり混ぜる。

3 ポリ袋の2辺をハサミで切って開く。ポリ袋の上から生地を押し広げ、半分に折る。これをあと2～3回くり返す。

4 めん棒で縦15cm×横21cmほどにのばし、向こう側を2cmほどあけて黒糖ペーストを塗る（**a**）。手前から巻き（**b**）、巻き終わりを閉じ（**c**）、包丁で8等分にする。

5 天板に断面を上にして間隔をあけて並べ、形をととのえる。190℃のオーブンで15分ほど焼く。

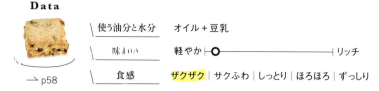

Data
→ p58

使う油分と水分	オイル + 豆乳
味わい	軽やか ○————————— リッチ
食感	ザクザク｜サクふわ｜しっとり｜ほろほろ｜ずっしり

レーズン入り全粒粉スコーン

材料（6個分）

A｜薄力粉……90g
　｜全粒粉……30g
　｜きび砂糖……25g
　｜ベーキングパウダー……小さじ 1/2（2g）
　｜塩……ひとつまみ

B｜植物油……40g
　｜豆乳……20g

レーズン……30g

下準備
・レーズンはざるにのせ、熱湯を回しかけて湯をきり、そのまま冷ます。粒が大きければ粗く刻む
・天板にオーブンシートを敷く
・オーブンを190℃に温める

作り方

1 ポリ袋に**A**を入れ、袋の口をねじってしっかりと閉じ、よくふり混ぜる。

2 1に**B**、レーズンを加え、袋の口をねじってしっかりと閉じ、まとまるまでふり混ぜる。

3 ポリ袋の2辺をハサミで切って開く。ポリ袋の上から生地を押し広げ、半分に折る。これをあと2〜3回くり返す。

4 1.5〜2cm厚さの長方形にととのえ、包丁で6等分にする。

5 天板に間隔をあけて並べ、190℃のオーブンで16〜18分焼く。

▶全粒粉がなければ薄力粉でもOKです。ザクザクした食感は少し減りますが、十分おいしく作れます。

scones with filling
オートミールとアーモンドのスコーン

作り方 → p65

ザクザク、ガリガリ。食感が心地よくて、平たい形が口に入れやすくて、パクパク食べちゃう！

ちゃんとかぼちゃの味がする！のがうれしい。やさしい甘みと**ほっくり感**に満たされよう。

scones with filling
かぼちゃのスコーン

作り方 → p64

くるくる、くるくる巻いて、黒糖ペーストをうず巻きに。かりっとしたくるみの食感も大事な要素。

scones with filling

黒糖くるみスコーン

作り方 → p63

ザックザクの食感が、このスコーンの持ち味。素朴スイーツ好きは絶対好き！な味。

scones with filling
レーズン入り全粒粉スコーン

作り方 → p62

Data

→ p55

使う油分と水分	オイル + 豆乳
味わい	軽やか ――○―― リッチ
食感	**ザクザク** / サクふわ / しっとり / ほろほろ / ずっしり

ピーナッツバタースコーン

材料（6個分）

A
- 薄力粉……120g
- きび砂糖……30g
- ベーキングパウダー……小さじ1/2（2g）
- 塩……ひとつまみ

B
- 植物油……40g
- 豆乳……20g

ピーナッツバター（微糖のもの）……40g

下準備
・天板にオーブンシートを敷く
・オーブンを190℃に温める

作り方

1 ポリ袋に**A**を入れ、袋の口をねじってしっかりと閉じ、よくふり混ぜる。

2 1に**B**、ピーナッツバターを加え、袋の口をねじってしっかりと閉じ、まとまるまでふり混ぜる。

3 ポリ袋の2辺をハサミで切って開く。ポリ袋の上から生地を押し広げ、半分に折る。これをあと2〜3回くり返す。

4 1.5〜2cm厚さの長方形にととのえ、包丁で棒状に6等分にする。

5 天板に間隔をあけて並べ、190℃のオーブンで16〜18分焼く。

▶ピーナッツバターは粒ありタイプ、粒なしタイプのどちらでもOK。粒ありタイプだと、ピーナッツの食感も楽しめます。

Data

使う油分と水分	バター＋牛乳
味わい	軽やか ├───○───┤ リッチ
食感	ザクザク ｜ <mark>サクふわ</mark> ｜ しっとり ｜ ほろほろ ｜ ずっしり

→ p54

チョコマーブルスコーン

材料（4個分）

A
- 薄力粉……120g
- グラニュー糖……20g
- ベーキングパウダー……小さじ1（4g）
- 塩……ひとつまみ

B
- バター……40g
- 牛乳……40g

製菓用チョコレート……20g

下準備

- バターは小さく切り、電子レンジで1分ほど加熱して溶かす
- 製菓用チョコレートは細かく刻み、電子レンジで45秒ほど加熱する。混ぜてなめらかにし、そのまま冷ます
- 天板にオーブンシートを敷く
- オーブンを190℃に温める

溶かしたチョコレートを生地の表面にたらす。たらし方は気にせず、おおざっぱでOK。

2回に分けてチョコレートをたらして折ることで、白い生地にチョコレートがほどよく混ざる。

作り方

1 ポリ袋に**A**を入れ、袋の口をねじってしっかりと閉じ、よくふり混ぜる。

2 1に**B**を加え、袋の口をねじってしっかりと閉じ、まとまるまでふり混ぜる。

3 ポリ袋の2辺をハサミで切って開く。ポリ袋の上から生地を押し広げたら、チョコレートの半量をたらし（**a**）、半分に折る。再び押し広げ、残りのチョコレートをたらし、半分に折る（**b**）。

4 めん棒で2〜2.5cm厚さにのばし、直径5cmの抜き型に薄力粉（分量外）を薄くつけて抜く。残った生地を重ねてまとめ、同様にして計4個抜く（残った生地は丸めて、5でいっしょに焼くとよい）。

5 天板に間隔をあけて並べ、190℃のオーブンで16〜18分焼く。

scones with filling
ピーナッツバタースコーン

作り方 → p57

驚きのザクザク感！割るとピーナッツバターの香りがふわっ。ほのかな塩気がいい感じ。

溶かしたチョコをマーブル状に散りばめているから、どこをかじってもチョコ！ **サクサク**感もお楽しみあれ。

scones with filling
チョコマーブルスコーン

作り方 → p56

Data

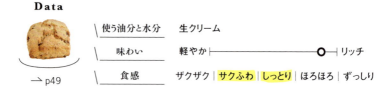
→ p49

使う油分と水分	生クリーム
味わい	軽やか ――――○― リッチ
食感	ザクザク ｜ サクふわ ｜ しっとり ｜ ほろほろ ｜ ずっしり

メープルピーカンナッツスコーン

材料(4個分)

A ｜ 薄力粉……120g
　　｜ グラニュー糖……20g
　　｜ ベーキングパウダー……小さじ1(4g)
　　｜ 塩……ひとつまみ
　　｜ ピーカンナッツ……40g

生クリーム(乳脂肪分45〜47%)……100g
メープルシロップ……20g

下準備
・ピーカンナッツは粗く砕く
・天板にオーブンシートを敷く
・オーブンを190℃に温める

作り方

1 ポリ袋にAを入れ、袋の口をねじってしっかりと閉じ、よくふり混ぜる。

2 1に生クリームとメープルシロップを加え、袋の口をねじってしっかりと閉じ、まとまるまでふり混ぜる。

3 ポリ袋の2辺をハサミで切って開く。ポリ袋の上から生地を押し広げ、半分に折る。これをあと2〜3回くり返す。

4 2〜2.5cm厚さの正方形にととのえ、包丁で十字に4等分にする。

5 天板に間隔をあけて並べ、190℃のオーブンで18分ほど焼く。

▶ピーカンナッツはくるみの仲間なので、くるみに換えてもかまいません。

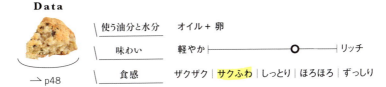

Data

使う油分と水分	オイル + 卵
味わい	軽やか ——————○—— リッチ
食感	ザクザク｜ サクふわ ｜しっとり｜ほろほろ｜ずっしり

→ p48

チョコバナナスコーン

材料（6個分）

A
- 薄力粉……120g
- グラニュー糖……20g
- ベーキングパウダー……小さじ1(4g)
- 塩……ひとつまみ
- 板チョコレート……25g

B
- 植物油……45g
- 溶き卵……20g（約 1/2 個分）

バナナ*……60g（約 1/2 本分）

＊熟しすぎていないもののほうが、生地が扱いやすい。

下準備

- 板チョコレートは細かく刻み、冷蔵庫に入れておく（作業中にチョコレートが溶けないようにするためと、焼いたときに少しでもチョコが溶けずに残るように）
- オーブンを190℃に温める

作り方

1 ポリ袋にAを入れ、袋の口をねじってしっかりと閉じ、よくふり混ぜる。

2 Bをよく混ぜて1に加え、バナナを小さくちぎって加える。袋の口をねじってしっかりと閉じ、まとまるまでふり混ぜる。

3 ポリ袋の2辺をハサミで切って開く。ポリ袋の上から生地を押し広げ、半分に折る。これをあと1〜2回くり返す。バナナから水分が出やすいので、つぶしすぎないように手早くまとめる。

4 2〜2.5cm厚さの円形にととのえてオーブンシートにのせ、包丁で放射状に6等分の切り目を底まで入れる。

5 オーブンシートごと天板にのせ、190℃のオーブンで20〜25分焼く。食べるときに切り目に沿って手で割る。

▶ 溶き卵は卵黄1個(20g)にしてもOK。全卵で作るより、ほくっ、ほろっとした食感になります。

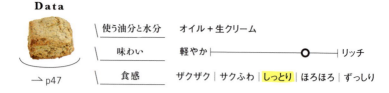

Data

使う油分と水分	オイル＋生クリーム
味わい	軽やか ├──────○─┤ リッチ
食感	ザクザク ｜ サクふわ ｜ <mark>しっとり</mark> ｜ ほろほろ ｜ ずっしり

→ p47

ポピーシードとレモンピール、クリームチーズのスコーン

材料（6個分）

A
- 薄力粉……120g
- グラニュー糖……20g
- ベーキングパウダー……小さじ1（4g）
- 塩……ひとつまみ
- ブルーポピーシード*……10g

B
- 植物油……40g
- 生クリーム……40g

レモンピール……40g
クリームチーズ……60g

＊あんパンのトッピングに使う白色系のポピーシード（けしの実）が日本ではおなじみだが、ここでは青色系のものを使う。

下準備

- 天板にオーブンシートを敷く
- オーブンを190℃に温める

作り方

1 ポリ袋に**A**を入れ、袋の口をねじってしっかりと閉じ、よくふり混ぜる。

2 1に**B**、レモンピールを加え、クリームチーズを小さくちぎって加える。袋の口をねじってしっかりと閉じ、まとまるまでふり混ぜる。

3 ポリ袋の2辺をハサミで切って開く。ポリ袋の上から生地を押し広げ、半分に折る。これをあと2〜3回くり返す。

4 2〜2.5cm厚さの長方形にととのえ、包丁で6等分にする。

5 天板に間隔をあけて並べ、190℃のオーブンで18分ほど焼く。

▶混ぜ込む食材を3つ使いましたが、ポピーシード＋レモンピール、ポピーシード＋クリームチーズ、レモンピール＋クリームチーズのように、2つにしてもOK。

ココアクッキー入りココアスコーン

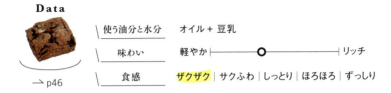

Data → p46

使う油分と水分	オイル + 豆乳
味わい	軽やか ——○———— リッチ
食感	**ザクザク** ｜ サクふわ ｜ しっとり ｜ ほろほろ ｜ ずっしり

材料（6個分）

A
- 薄力粉……110g
- ココアパウダー……10g
- グラニュー糖……30g
- ベーキングパウダー……小さじ1/2（2g）
- 塩……ひとつまみ

B
- 植物油……40g
- 豆乳……35g

バニラクリームココアクッキー……50g

ココアパウダーは茶こしを通してダマをなくす。スプーンで表面をぐるぐるこすると飛び散らず、早くこせる。

下準備
・ココアクッキーは手で粗く割る
・天板にオーブンシートを敷く
・オーブンを190℃に温める

作り方

1 ポリ袋に薄力粉を入れ、ココアパウダーを茶こしを通して加える（**a**）。残りの**A**を加え、袋の口をねじってしっかりと閉じ、よくふり混ぜる。

2 1に**B**、ココアクッキーを加え、袋の口をねじってしっかりと閉じ、まとまるまでふり混ぜる。

3 ポリ袋の2辺をハサミで切って開く。ポリ袋の上から生地を押し広げ、半分に折る。これをあと2～3回くり返す。

4 1.5～2cm厚さの長方形にととのえ、包丁で6等分にする。

5 天板に間隔をあけて並べ、190℃のオーブンで16～18分焼く。

▶ココア生地はクリームチーズと組み合わせてもおいしいです。また、p97のようにプレーン生地にココアクッキーを加えても。

おだやかな甘さの生地にクセのないピーカンナッツの組み合わせ。
やさしい味わいに包まれてしまおう。

scones with filling
メープルピーカンナッツスコーン

作り方 → p53

scones with filling

ポピーシードとレモンピール、クリームチーズのスコーン

作り方 → p51

酸味と甘み、さわやかさと濃厚さ。
相反する味わいを
ひとつにしたのが、
おいしさのひみつ。

大きめのココアクッキーが ゴロゴロ。
生地もココアにしてダブルココアで
どうだ！のスコーン。

scones with filling
ココアクッキー入りココアスコーン

作り方→p50

Data

→ p41

使う油分と水分	オイル + ヨーグルト
味わい	軽やか ─────○───── リッチ
食感	ザクザク ｜ サクふわ ｜ しっとり ｜ ほろほろ ｜ <mark>ずっしり</mark>

いちじくとくるみのスコーン

材料（6個分）

A | 薄力粉……120g
　　きび砂糖……25g
　　ベーキングパウダー……小さじ1（4g）
　　塩……ひとつまみ
　　くるみ……30g

B | 植物油……40g
　　プレーンヨーグルト（無糖）……45g

ドライいちじく……60g

下準備

・くるみは粗く砕く
・いちじくはざるにのせて熱湯を回しかけ、冷めたら粗く刻む
・天板にオーブンシートを敷く
・オーブンを190℃に温める

作り方

1 ポリ袋にAを入れ、袋の口をねじってしっかりと閉じ、よくふり混ぜる。

2 Bをよく混ぜて1に加え、いちじくを加える。袋の口をねじってしっかりと閉じ、まとまるまでふり混ぜる。

3 ポリ袋の2辺をハサミで切って開く。ポリ袋の上から生地を押し広げ、半分に折る。これをあと2〜3回くり返す。

4 2〜2.5cm厚さの円形にととのえ、包丁で放射状に6等分にする。

5 天板に間隔をあけて並べ、190℃のオーブンで18分ほど焼く。

▶よりサクッと、みちっとした食感にしたいときは、アーモンドパウダー20gを足し、水きりしたヨーグルトを45g加えて。

Data → p40

使う油分と水分	生クリーム
味わい	軽やか ——————○—| リッチ
食感	ザクザク｜サクふわ｜ しっとり ｜ほろほろ｜ずっしり

紅茶とオレンジピールのスコーン

材料（6個分）

A｜薄力粉……120g
　｜グラニュー糖……15g
　｜ベーキングパウダー……小さじ1（4g）
　｜塩……ひとつまみ
　｜紅茶の葉＊（ティーバッグ・葉が細かいもの）……4〜5g
生クリーム（乳脂肪分45〜47％）……100g
オレンジピール（やわらかいもの）……45g

＊お菓子作りには香りがしっかりと残るアールグレイがおすすめ。

下準備
・天板にオーブンシートを敷く
・オーブンを190℃に温める

作り方

1　ポリ袋にAを入れ、袋の口をねじってしっかりと閉じ、よくふり混ぜる。

2　1に生クリームとオレンジピールを加え、袋の口をねじってしっかりと閉じ、まとまるまでふり混ぜる。

3　ポリ袋の2辺をハサミで切って開く。ポリ袋の上から生地を押し広げ、半分に折る。これをあと2〜3回くり返す。

4　6等分にし、それぞれ丸める。

5　天板に間隔をあけて並べ、190℃のオーブンで18分ほど焼く。

▶オレンジピール＋細かく刻んだ板チョコレート（20〜25g）の組み合わせもおいしいです。

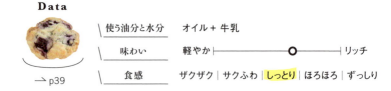

Data

使う油分と水分	オイル + 牛乳
味わい	軽やか ———○——— リッチ
食感	ザクザク ｜ サクふわ ｜ <mark>しっとり</mark> ｜ ほろほろ ｜ ずっしり

→ p39

ブルーベリークリームチーズスコーン

材料（6個分）

A 薄力粉……120g
　　グラニュー糖……25g
　　ベーキングパウダー……小さじ1（4g）
　　塩……ひとつまみ

B 植物油……40g
　　牛乳……40g

ブルーベリー（冷凍）……50g
クリームチーズ……60g

下準備

・天板にオーブンシートを敷く
・オーブンを190℃に温める

作り方

1 ポリ袋に**A**を入れ、袋の口をねじってしっかりと閉じ、よくふり混ぜる。

2 1に**B**と、ブルーベリーを凍ったまま加え、クリームチーズを小さくちぎって加える。袋の口をねじってしっかりと閉じ、まとまるまでふり混ぜる。

3 ポリ袋の2辺をハサミで切って開く。ポリ袋の上から生地を押し広げ、半分に折る。これをあと2～3回くり返す。生地がベタつかないよう、ブルーベリーが凍っているうちに手早くまとめる。

4 6等分にしてそれぞれ丸め、手で軽く押さえてつぶす。

5 天板に間隔をあけて並べ、190℃のオーブンで18分ほど焼く。

▶ブルーベリーは冷凍のラズベリーに換えてもOK。

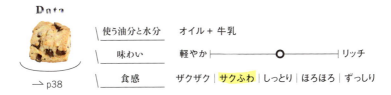

→ p38

使う油分と水分	オイル + 牛乳
味わい	軽やか ├────○────┤ リッチ
食感	ザクザク	**サクふわ**	しっとり	ほろほろ	ずっしり

チョコチャンクスコーン

材料（6個分）

A
- 薄力粉……120g
- グラニュー糖……20g
- ベーキングパウダー……小さじ1（4g）
- 塩……ひとつまみ
- 板チョコレート……50g

B
- 植物油……40g
- 牛乳……40g

下準備

- 板チョコレートは粗く刻み、冷蔵庫に入れておく（作業中にチョコレートが溶けないようにするためと、焼いたときに少しでもチョコが溶けずに残るように）
- 天板にオーブンシートを敷く
- オーブンを190℃に温める

作り方

1. ポリ袋に**A**を入れ、袋の口をねじってしっかりと閉じ、よくふり混ぜる。
2. 1に**B**を加え、袋の口をねじってしっかりと閉じ、まとまるまでふり混ぜる。
3. ポリ袋の2辺をハサミで切って開く。ポリ袋の上から生地を押し広げ、半分に折る。これをあと2〜3回くり返す。
4. 2〜2.5cm厚さの長方形にととのえ、包丁で6等分にする。
5. 天板に間隔をあけて並べ、190℃のオーブンで16分ほど焼く。

▶**A**にインスタントコーヒー4〜5gを加えても。カフェモカのような味わいが楽しめます。

scones with filling
いちじくとくるみのスコーン

作り方 → p45

噛むたびにいちじくに当たったり、くるみに当たったり。甘みと食感がおいしいハ～モニ～を奏でます。

scones with filling
紅茶とオレンジピールのスコーン

作り方 → p44

紅茶が**ふわっ**と香ったあとに、ほろ苦さが追随。オレンジピールの甘みとつまるところ、よく合うってこと。

ブルーベリーとクリームチーズのおかげで、生地は**しっとり**。
甘みと酸味とコクがマッチしていて、やっぱりこのコンビは不滅のおいしさ！

scones with filling
ブルーベリー
クリームチーズスコーン

作り方 → p43

scones with filling
チョコチャンクスコーン

作り方 → p42

生地からはみ出すくらいチョコが **ゴロゴロ**。ぱくっとするたびにチョコにあたって口福♥

Chapter2 scones with filling

具入りスコーン

チョコやナッツ、フルーツなど、具が入ったスコーンは、
具の味、食感、香りが加わることで、グッと魅力がアップ！
入れる具によって、まったく違う味になるのがおもしろく、
好奇心と食いしん坊心がくすぐられます。
ポリ袋で作るスコーンは具の混ぜ込みも簡単だから、
きっといろんな具を試したくなっちゃうはず！

プレーンスコーンを比較

p10〜15とp24〜35では、水分の種類を換えたプレーンスコーンを紹介しました。ここでは総括として、同じ形で焼いたものを食べ比べて、どんな違いが生じるのかを検証しました。

		食感	味	コメント	
1	オイル＋牛乳	まわりはサクッとしていて、中はちょうどよいふんわり感としっとり感	あっさりしている	・もっともベーシックで、スコーンらしい味 ・具を入れたり、クリームをはさんだりするのにも向くオールマイティさがある	ベーシック
2	オイル＋豆乳	まわりも中もザクザク感が強く、クッキー寄りの食感	あと味に豆乳の風味がほのかにする	・1と比べて水分量が少ないので、その分、粉の味や甘みをより感じる ・甘みは1より強く感じるが、くどくはなくて消えていく甘さ	ザクザク好きに
3	オイル＋生クリーム	サラサラ、ほろほろとくずれていく感じ。生地は軽くてきめ細かい	ミルキーな味わい	・白あんや黄身あんのようなきめ細かさで、しっとりほろっとしている ・後々まで口に残るような甘みを感じる	ほろり食感好きに
4	生クリーム	外はサックリ、中はふんわりでやわらか。翌日になると外も中もしっとり感が増し、さらにやわらか	乳製品の風味とコクがある	・7つの中ではもっともケーキやマフィン寄りの味 ・コクがあるので、ひと口目のインパクトが強い	万人向け
5	オイル＋豆腐	まわりはサクッとしていて、中はしっとり、ふっくら	コクは控えめで、あっさりしている	・4と比べると、ひと口目のインパクトは弱いが、おいしさがあとからじわじわくる印象	あっさり好きに
6	オイル＋ヨーグルト	まわりはザクッとしていて、中は軽やかなほろり感	4ほどではないが、案外コクがある	・ヨーグルトの酸味を最後にほんのり感じる ・コクは1よりもあり、4よりもない印象	ベーシックNo.2
7	オイル＋卵	ボロボロ、ほろりとくずれる。7つの中で一番ドライな生地感	うまみとコクがあり、卵の風味がする	・水分が少なくて、かためのサブレや、ボーロに似た感じの味	ガリガリ好きに

水分を卵に換えて作るので、生地が黄色く仕上がるのが特徴です。
加える水分は卵だけなので、ほかのプレーンスコーンと比べると、
卵ボーロを感じさせる、ややドライな仕上がりです。
水分が少ない分、食感は歯切れがよく、サクッとしています。
好みで溶け卵の1/2量程度を牛乳に置き換えると、しっとり感が補えます。

Data

| 味わい | 軽やか ――――○―――― リッチ |
| 食感 | ザクザク｜サクふわ｜しっとり｜ほろほろ｜ずっしり |

材料（6個分）

A｜薄力粉……120g
　｜グラニュー糖……15g
　｜ベーキングパウダー……小さじ1(4g)
　｜塩……ひとつまみ

B｜植物油……45g
　｜溶き卵……40g（約1個分）

下準備

・天板にオーブンシートを敷く
・オーブンを190℃に温める

作り方

1 ポリ袋にAを入れ、袋の口をねじってしっかりと閉じ、よくふり混ぜる。

2 カップにBを入れてよく混ぜる。

3 1に2を加え、袋の口をねじってしっかりと閉じ、まとまるまでふり混ぜる。

4 ポリ袋の2辺をハサミで切って開く（これを作業シートにする）。ポリ袋の上から生地を押し広げ、半分に折る。これをあと2〜3回くり返す。

5 2〜2.5cm厚さの長方形にととのえ、包丁で棒状に6等分にする。

6 天板に間隔をあけて並べ、190℃のオーブンで16分ほど焼く。

plain scones
オイル＋卵で作るプレーンスコーン

p11の牛乳をヨーグルトに換えて作ります。

外はふわっ、ほろっとしていて、中はややみちっとしながらも軽さのある仕上がり。

ヨーグルトの酸味は、ものによって若干違いますが、ほとんど感じません。

ヨーグルトは、直接ポリ袋に入れるとムラになりやすいので、

油と混ぜてから加えます。

Data

| 味わい | 軽やか ―――○―― リッチ |
| 食感 | ザクザク | サクふわ | しっとり | ほろほろ | ずっしり |

材料（4個分）

A
- 薄力粉……120g
- グラニュー糖……15g
- ベーキングパウダー……小さじ1（4g）
- 塩……ひとつまみ

B
- 植物油……40g
- プレーンヨーグルト（無糖）……40g

下準備

・天板にオーブンシートを敷く
・オーブンを190℃に温める

作り方

1 ポリ袋に**A**を入れ、袋の口をねじってしっかりと閉じ、よくふり混ぜる。

2 カップに**B**を入れ、フォークでよく混ぜてなめらかにする。

3 **1**に**2**を加え、袋の口をねじってしっかりと閉じ、まとまるまでふり混ぜる。

4 ポリ袋の2辺をハサミで切って開く（これを作業シートにする）。ポリ袋の上から生地を押し広げ、半分に折る。これをあと2～3回くり返す。

5 めん棒で2～2.5cm厚さにのばし、直径5cmの抜き型に薄力粉（分量外）を薄くつけて抜く。残った生地を重ねてまとめ、同様にして計4個抜く（残った生地は丸めて、**6**でいっしょに焼くとよい）。

6 天板に間隔をあけて並べ、190℃のオーブンで16～18分焼く。

plain scones
オイル＋ヨーグルトで作る
プレーンスコーン

水分を豆腐に置き換えて作ります。
豆腐の味は風味がほんのり広がる程度、
ほわっとした食感で、しっとり感もあります。
豆腐の水きりは表面の水分をキッチンペーパーで押さえる程度でOK。
ポリ袋に豆腐を直接入れるとムラになってしまうので、
ペースト状にしてから油と混ぜてなめらかにし、加えてください。

Data

| 味わい | 軽やか ──────○────── リッチ |
| 食感 | ザクザク | サクふわ | しっとり | ほろほろ | ずっしり |

材料（4個分）

A｜薄力粉……120g
　｜グラニュー糖……15g
　｜ベーキングパウダー……小さじ1（4g）
　｜塩……ひとつまみ

B｜植物油……45g
　｜絹ごし豆腐……軽く水きりして70g

分量が少ないので、高さのあるカップとくずしやすいフォークが混ぜやすくて便利。なめらかになるまでよく混ぜる。

下準備
・天板にオーブンシートを敷く
・オーブンを190℃に温める

作り方

1 ポリ袋にAを入れ、袋の口をねじってしっかりと閉じ、よくふり混ぜる。

2 カップに豆腐を入れ、フォークでよく混ぜてペースト状にする（a）。植物油を加え、よく混ぜる。

3 1に2を加え、袋の口をねじってしっかりと閉じ、まとまるまでふり混ぜる。

4 ポリ袋の2辺をハサミで切って開く（これを作業シートにする）。ポリ袋の上から生地を押し広げ、半分に折る。これをあと2〜3回くり返す。

5 2〜2.5cm厚さの正方形にととのえ、包丁で十字に4等分にする。

6 天板に間隔をあけて並べ、190℃のオーブンで18分ほど焼く。

plain scones
オイル+豆腐で作る
プレーンスコーン

油分と水分をすべて生クリームに換えて作ります。
乳脂肪分の割合が一番多いタイプなので
その分コクがあり、乳製品の風味をしっかりと感じます。
サクッ、ふわっ、しっとりと焼きあがり、翌日にはよりしっとりとした食感に。
材料が少ないので、手軽さがよりアップするのも魅力です。

Data

| 味わい | 軽やか ──────○ リッチ |
| 食感 | ザクザク｜サクふわ｜**しっとり**｜ほろほろ｜ずっしり |

材料（6個分）

A ｜ 薄力粉……120g
　　グラニュー糖……15g
　　ベーキングパウダー……小さじ1（4g）
　　塩……ひとつまみ

B ｜ 生クリーム（乳脂肪分45〜47%）……120g

下準備

・天板にオーブンシートを敷く
・オーブンを190℃に温める

作り方

1 ポリ袋にAを入れ、袋の口をねじってしっかりと閉じ、よくふり混ぜる。

2 1にBを加え、袋の口をねじってしっかりと閉じ、まとまるまでふり混ぜる。

3 ポリ袋の2辺をハサミで切って開く（これを作業シートにする）。ポリ袋の上から生地を押し広げ、半分に折る。これをあと2〜3回くり返す。

4 6等分にし、それぞれ丸める。

5 天板に間隔をあけて並べ、190℃のオーブンで16分ほど焼く。

plain scones
生クリームで作るプレーンスコーン

p11の牛乳を生クリームに換えて作ります。
乳脂肪分が多い分だけリッチな味わいに仕上がります。
それでもp28の全量生クリームで作るものよりはあっさりめ。
外はサックサク、中はややしっとりしながらも、
サラリとくずれるような軽やかさがあります。

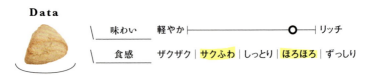

Data

| 味わい | 軽やか ├─────────○─┤ リッチ |
| 食感 | ザクザク サクふわ しっとり ほろほろ ずっしり |

材料（6個分）

A
- 薄力粉……120g
- グラニュー糖……15g
- ベーキングパウダー……小さじ1（4g）
- 塩……ひとつまみ

B
- 植物油……40g
- 生クリーム……40g

下準備
・天板にオーブンシートを敷く
・オーブンを190℃に温める

作り方

1 ポリ袋にAを入れ、袋の口をねじってしっかりと閉じ、よくふり混ぜる。

2 1にBを加え、袋の口をねじってしっかりと閉じ、まとまるまでふり混ぜる。

3 ポリ袋の2辺をハサミで切って開く（これを作業シートにする）。ポリ袋の上から生地を押し広げ、半分に折る。これをあと2〜3回くり返す。

4 2〜2.5cm厚さの円形にととのえ、包丁で放射状に6等分にする。

5 天板に間隔をあけて並べ、190℃のオーブンで16分ほど焼く。

plain scones
オイル＋生クリームで作る プレーンスコーン

p10で紹介したプレーンスコーンの水分を豆乳に換えて作ります。
植物性の食材だけで作れるのが魅力のひとつです。
オイルと牛乳で作ったものと比べると、風味に若干の違いがありますが、
より変化をつけるために、ベーキングパウダーと水分を減らし、
ザクッとした食感が得られるように調整しました。

Data

| 味わい | 軽やか ○────────── リッチ |
| 食感 | **ザクザク** \| サクふわ \| しっとり \| ほろほろ \| ずっしり |

材料（6個分）

A
- 薄力粉……120g
- グラニュー糖……15g
- ベーキングパウダー……小さじ1/2（2g）
- 塩……ひとつまみ

B
- 植物油……40g
- 豆乳……25g

下準備

・天板にオーブンシートを敷く
・オーブンを190℃に温める

作り方

1 ポリ袋にAを入れ、袋の口をねじってしっかりと閉じ、よくふり混ぜる。

2 1にBを加え、袋の口をねじってしっかりと閉じ、まとまるまでふり混ぜる。

3 ポリ袋の2辺をハサミで切って開く（これを作業シートにする）。ポリ袋の上から生地を押し広げ、半分に折る。これをあと2〜3回くり返す。

4 1.5〜2cm厚さの長方形にととのえ、包丁で6等分にする。

5 天板に間隔をあけて並べ、190℃のオーブンで16分ほど焼く。

plain scones
オイル＋豆乳で作るプレーンスコーン

Chapter1 plain scones

プレーンスコーン

スコーンは粉類と油分、水分を合わせるシンプルな配合のお菓子です。
だからこそ、手軽に材料を換えることができ、その違いを楽しめます。
ここでは油分は植物油をベースに、
水分を換えたレシピをご紹介(油分と水分はBに相当)。
水分を換えても作れること、
そして、水分を換えるだけで味わいが異なるスコーンができることがわかるので、
より気軽にスコーンが焼けるようになるはずです。

あなたが好きなスコーンはこれ！

1 ザクザクタイプ

ザクザク、ガリガリ、ガリッなど、食感をしっかりと感じるタイプのスコーン。ナッツやカリカリ梅など食感があるものや、素朴なお菓子が好きな人はここにたどり着きがち。ふわっと軽いタイプとは対極にあるスコーンです。

2 サクふわタイプ

中はふかふか、ほわほわとやわらかく、外はサクッとした食感のスコーン。噛みごたえのあるものより、ふわふわした軽いお菓子が好きな人はこのタイプが好みでしょう。ザクザクやずっしりの対極にあるスコーンです。

3 ずっしりタイプ

どっしりと重みがあり、みっちりと目の詰まったスコーン。空気を含んだ軽いお菓子よりも、具だくさんで食べごたえや噛みごたえのあるものが好きな人は、このタイプのスコーンが好みでしょう。

4 しっとりタイプ

水分が多めで、生地がしっとりしているスコーン。しっとりなめらかな舌ざわりのお菓子が好きな人、口の中の水分がなくなるような粉っぽいものが苦手な人は、ここにたどり着くことが多いでしょう。

5 ほろほろタイプ

水分が少なく、粉っぽさも感じるようなタイプのスコーン。感じ方によってはぽそぽそ、パサパサともいえるかもしれませんが、粉らしさを味わえるので、粉もの好きの人はこのタイプがきっと好きです。

スコーンにはさまざまな食感のタイプがあり、好みも分かれるところ。
購入したときも、店によって食感が違うことは少なくありません。
そこで、スコーンを作る前に、あなたはどんなタイプが好きなのかを確かめておきましょう！

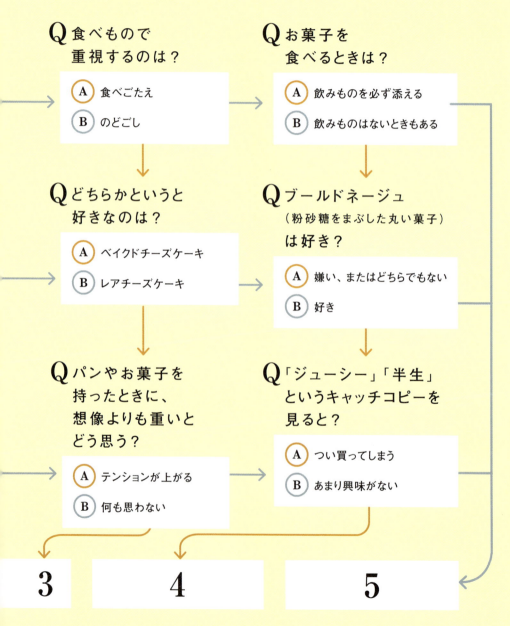

あなたの好みはどんなスコーン？

Q かぼちゃの煮もので好きなのは？
- A ほくほくタイプ
- B しっとりタイプ

Q 食べものの好みは？
- A 定番の味
- B アレンジした味にも興味がある

Q 自然素材のお菓子は？
- A 好き
- B 苦手、またはどちらでもない

Q ケーキで頼むのはどっち？
- A シフォンケーキ
- B タルト

Q バゲットで好きなのは？
- A 端っこ
- B 真ん中

Q パンのタイプはどちらが好み？
- A リッチタイプ
- B ハードタイプ

1　**2**

結果は次のページへ！

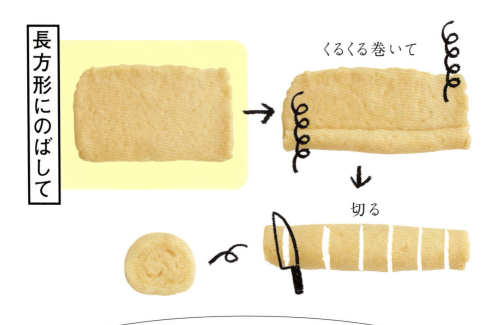

長方形にのばして
くるくる巻いて
切る

形の違いと食感の関係

大きさ

形が大きいほど水分を多く保持するのでしっとり焼きあがります。逆に形が小さいと水分蒸発が大きいのでかりっとした食感になります。

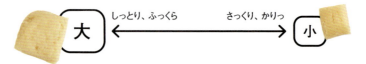

大 ← しっとり、ふっくら　　さっくり、かりっ → 小

表面積

表面積が小さい形ほど水分の飛びが少ないので、しっとり焼けます。逆に表面積が大きいと熱のあたる面積が大きいのでその分水分の蒸発が多くなり、かりっとします。

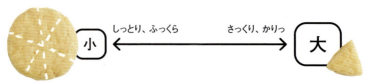

小 ← しっとり、ふっくら　　さっくり、かりっ → 大

焼いてから割ると断面からは水分が蒸発しないので、しっとり

切ってから焼くとすべての面から水分が蒸発するので、さっくり

カットや成形の仕方はいろいろ

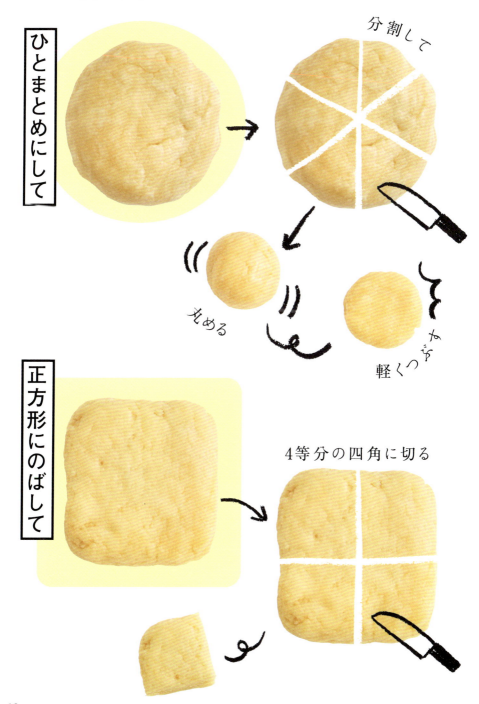

同じ生地でも、カットや成形の方法を変えるだけで、
まるで違うスコーンのような焼きあがりに。
気分に合わせて形を変えて、楽しみましょう。

放射状に切る

丸くのばして

放射状に切り目を入れる

焼いてから割る

カットや成形の仕方は いろいろ

6等分の四角に切る

台形に切る

長方形にのばして

棒状に切る

型で抜く

Data

	味わい	軽やか ―――○――― リッチ
	食感	ザクザク | <mark>サクふわ</mark> | しっとり | ほろほろ | ずっしり

step6 焼く

並べる

天板に間隔をあけて並べる。

焼く

190℃のオーブンで16分ほど焼く。

＊焼きが足りないときは、p90を参照。
＊焼き時間は、形によって変わるので、各レシピを参照。
＊できあがりの写真がp2にあるので参考に。

オイルで作るスコーンと
バターで作るスコーンの食べ比べ

オイル

バター

食感	どちらのスコーンも、外はサクッ、中はふわっとしている。
風味	・オイルのスコーンはバターのスコーンと比べるとすっきりした味わい。 ・バターのスコーンはバターの風味がふわりと香り、コクも感じる。
まとめ	・オイルのスコーンは風味がシンプルなので、加える具の味が引き立つ。 ・バターのスコーンはプレーンで食べたいときや、乳製品の風味やリッチなコクがほしいときに。

オイル+牛乳で作るプレーンスコーンで
生地の作り方をマスターしよう！

step4 成形

step5 切る

形をととのえる

2〜2.5cm厚さの長方形にととのえる。

＊表面を平らにしたいときは、長方形にしたあと、表面にめん棒をかけるとよい。

生地を切る

包丁で6等分にする。

＊包丁を水で軽くぬらすと、スパッと切りやすくなる。
＊カットや成形の仕方は好きに変えられる。詳しくはp16へ。

きれいに成形したいときは定規を活用

生地のふちに定規をあて、重なった袋のうち下の袋を向こう側へ引っ張りながら締めると、辺が真っ直ぐになる。

ポリ袋を切って
シート状にする

ハサミでポリ袋の2辺を切り、シート状に開く。

＊ポリ袋は成形するときの作業シートとして使う。作業台も打ち粉も不要で便利。

生地を折りたたむ

ポリ袋の上から生地を押し広げ、半分に折る。これをあと2～3回くり返す。

＊生地を広げる→折る、をくり返すことで、生地の状態が均一になる。

＊生地は練らずに折りたたむのがポイント。こうすることで、さっくり軽く口当たりのよい生地になる。

オイル＋牛乳で作るプレーンスコーンで
生地の作り方をマスターしよう！

step3 生地作り

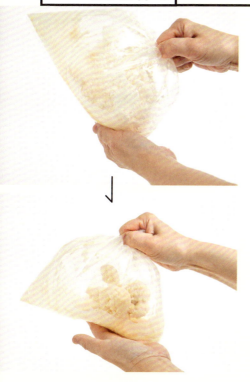

ふりふりする

袋に空気を入れ、口をねじってしっかりと閉じ、閉じ口を持って袋を上下左右にふる。次第にまとまってきて、大小のかたまりがいくつかできてくる。その状態になれば次の工程へ。

軽くきゅっきゅっと握り、ふりふりする

袋の口を持つ手を少しゆるめ、袋の上から生地を軽く2〜3回握る。再び口をしっかりと持ち、袋をふる。これをくり返すうちに袋の内側の生地がだいたい取れる。ひとまとまりになればOK。

＊「握ってふる」をくり返すと、袋の内側についた生地も自然と取れ、早くまとまる。

生地の作り方をマスターしよう!

step3 生地作り

ふりふりする

袋に空気を入れ、口をねじってしっかりと閉じる。閉じ口を持って袋を上下左右に40〜50回ふり、混ぜる。

＊粉をふるう作業の代わりに袋をふる。まんべんなく混ざればOK。

オイルと牛乳を加える

ポリ袋を再びデジタルスケールにのせ、
・植物油……40g
・牛乳……40g
を量り入れる。

＊植物油は溶かしバターに換えてもよい。その場合、バターを小さく切って耐熱容器に入れ、様子を見ながら電子レンジで1分ほど加熱して溶かし(かたまりが少し残るくらいで取り出し、混ぜながら余熱で溶かすとよい)、加える。p15の食べ比べ検証も参考に。

写真を追うだけで作れる！
オイル＋牛乳で作るプレーンスコーンで

step1 準備

材料を用意する

- 薄力粉
- グラニュー糖
- ベーキングパウダー
- 塩
- 植物油
- 牛乳

道具を用意する

- ポリ袋
- デジタルスケール
- ボウル
- 計量スプーン（小さじ）
- 包丁
- ハサミ
- オーブンシート
- 天板

＊ボウルはポリ袋を安定させるために使用。適当な大きさの深さのある器や空き箱など、何でもよい。

下準備をする

- 天板にオーブンシートを敷く
- オーブンを190℃に温める

＊この本の生地は短時間で作れるので、すぐに焼けるように、先に予熱をしておく。庫内が十分に温まっていると、生地がしっかり立ち上がり、ふっくら焼きあがる。

step2 計量

粉類をポリ袋に量っていく

ボウルにポリ袋をかぶせてデジタルスケールにのせ、

- 薄力粉……120g
- グラニュー糖……15g
- ベーキングパウダー……小さじ1（4g）
- 塩……ひとつまみ

を量り入れる。

＊デジタルスケールならば、量るたびに表示を0にリセットすればいいので計量が楽。

point 3 ふり混ぜるだけで作れる

通常なら、材料を量ってふるったり、バターが溶けないように注意しながら粉類を合わせたりする作業が必要ですが、ポリ袋で作るなら液体の油を直接量り入れて、ふりふりするだけ。難しい工程がないから、お菓子作りの経験もテクニックもいりません。「簡単なのにおいしい!」のいいとこどりです。

point 4 特別な道具が不要

家庭にあるごく一般的な道具で作れるので、お菓子専用の道具を新しく買う必要がありません。だから、思い立ったときにすぐに作ることができます。さらに、道具の数が最小限なので、洗いものが少なくて済むのも魅力です。作業後のシンクを見たときに「これだけ?」と驚くほどです。

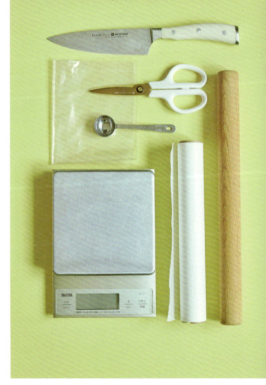

おうちで作るスコーンは手軽さが第一優先！
そのために工夫したこと

point 2

普段使いの液体のオイルで作れる

液体のオイルは常温で保存でき、そのままパッと使えて扱いが楽。この手軽さは、普段のおやつ作りに大助かり。植物油にはない風味が魅力のバターは溶かして使い、液体化することで簡単さを追求しました。手軽さ重視なら植物油を、風味もほしいならバターでどうぞ。

point 1

ポリ袋を使う

ポリ袋を使えば、お菓子作りのネックとなるめんどうごとがありません。手間が少なく、キッチンも汚れず、洗いものも減らせます。ポリ袋で生地を作ったあとは、切り開いて作業シート代わりに使うので、一連の作業が合理的です。
＊使用するポリ袋については p159 へ。

Chapter5 しょっぱスコーン

138・140	パセリとパルメザン チーズのスコーン	139・141	ドライトマトとバジルの スコーン
142・144	青のりとごま、 じゃこのスコーン	143・145	にんじんとクミンの スコーン
146・148	じゃがいもと ローズマリーのスコーン	147・149	ごぼうとベーコンの カレースコーン
150・152	クワトロチーズスコーン	151・153	オリーブとアンチョビの スコーン
154・156	炒め玉ねぎと チェダーチーズの スコーン	155・157	生ハムと クリームチーズ、 くるみのスコーン

158 材料と道具のこと

この本の使い方

- オーブンの温度と焼き時間は目安です。熱源や機種によって差が生じる場合があるので、様子を見ながら調整してください。この本ではガスオーブンを使用しています。
- 電子レンジの加熱時間は目安です。メーカーや機種によって違いがあるので、様子を見ながら調整してください。この本では600Wの電子レンジを使用しています。
- ナッツは、ローストしたものが香ばしくておすすめです。ローストされたものを使うか、160℃のオーブンで8分ほど焼いてから使ってください。焼成温度と時間は目安です。様子を見ながら加減して、香ばしさが立つまで焼いてください。
- 生クリームの乳脂肪分は、指定がある場合は表記の%のものを使ってください。指定がない場合は好みの%でかまいません。
- 豆乳は、成分無調整タイプ、調整タイプのどちらを使ってもかまいません。
- バターは、指定がない場合は食塩不使用タイプを使ってください。
- バターを電子レンジで溶かす際は、かたまりが少し残るくらいで取り出し、混ぜながら余熱で溶かすとよいです。
- 各スコーンのDataの情報は目安です。人により感じ方は異なります。

Chapter3 サンドスコーン

ページ	名称
92・94	ヴィクトリアケーキ風スコーン
93・95	あんこ生クリームの抹茶スコーン
96・98	ダブルクリームスコーン
97・99	レアチーズクリームスコーン
100・102	ティラミス風スコーン
101・103	メープルクリームスコーン
104・106	あんバタースコーン
105・107	パイナップルケーキ風スコーン
108・110	ラムレーズンバタークリームスコーン
109・111	モカバタークリームスコーン

112　Q&A　Part2

Chapter4 デコスコーン

ページ	名称
114・126	ショートケーキ風スコーン
116・127	チョコレートガナッシュスコーン
117・128	レモンケーキ風スコーン
118・129	ダブルブルーベリースコーン
119・130	キャロットケーキ風スコーン
120・131	ラズベリーアイシング＋ピスタチオのスコーン
121・132	ホワイトチョコクリーム＋紅茶のスコーン
122・133	シナモンロール風スコーン
123・134	きなこアイシング＋ごまのスコーン
124・135	モンブラン風スコーン
125・136	キャラメルスコーン アイスキャラメルナッツのせ

46・50 ココアクッキー入りココアスコーン	47・51 ポピーシードとレモンピール、クリームチーズのスコーン
48・52 チョコバナナスコーン	49・53 メープルピーカンナッツスコーン
54・56 チョコマーブルスコーン	55・57 ピーナッツバタースコーン
58・62 レーズン入り全粒粉スコーン	59・63 黒糖くるみスコーン
60・64 かぼちゃのスコーン	61・65 オートミールとアーモンドのスコーン
66・70 あんこマーブルスコーン	67・71 抹茶と黒豆のスコーン
68・72 ごまさつまいもスコーン	69・73 ほうじ茶とあずきのスコーン
74・78 クランベリーミルクスコーン	75・79 アプリコットとココナッツのスコーン
76・80 いちごのスコーン	77・81 キャラメルりんごスコーン
82・86 シナモンジンジャースコーン	83・87 コーヒーとラムレーズンのスコーン
84・88 スパイスハニースコーン	85・89 シュトレン風スコーン

90　Q&A　Part1

目次

- 2 おうちスコーンは自由に楽しく
- 7 この本の使い方
- 8 おうちで作るスコーンは手軽さが第一優先！
  そのために工夫したこと
- 10 写真を追うだけで作れる！
  オイル＋牛乳で作るプレーンスコーンで生地の作り方をマスターしよう！
- 16 カットや成形の仕方はいろいろ
- 20 あなたの好みはどんなスコーン？

Chapter1　プレーンスコーン

- 24　オイル＋豆乳で作るプレーンスコーン
- 26　オイル＋生クリームで作るプレーンスコーン
- 28　生クリームで作るプレーンスコーン
- 30　オイル＋豆腐で作るプレーンスコーン
- 32　オイル＋ヨーグルトで作るプレーンスコーン
- 34　オイル＋卵で作るプレーンスコーン
- 36　プレーンスコーンを比較

Chapter2　具入りスコーン

- 38・42　チョコチャンクスコーン
- 39・43　ブルーベリークリームチーズスコーン
- 40・44　紅茶とオレンジピールのスコーン
- 41・45　いちじくとくるみのスコーン

「ポリ袋でお菓子は作れますか？」
7年ほど前になるでしょうか。ある編集者さんの言葉を受け、
ポリ袋を使ってお菓子を作るという未開のチャレンジをはじめました。
なにしろ作り方にお手本のない世界です。
それまで経験的に積み重ねてきた
お菓子作りの「こうするとこうなる」をポリ袋に当てはめ、試行錯誤の日々。
おもしろそうな提案にワクワクしながらも、たとえ形になったとしても、
おいしさはそれなりではないだろうか、との思いを内心抱えていました。
ところが、そんなわたしの予想は見事に打ち砕かれ、
試作するほどにお菓子作りの常識や固定観念が覆っていきました。

クッキー、マフィン、スコーン、難しいイメージのあるタルトやパイ、
アイスクリームや白玉だんごなどの冷たいお菓子、
イーストを使ったシンプルなパン……。
作れるものがどんどん広がるおもしろさ。
しかも、それらはボウルを使って作ったものと見た目も変わらず、
手数は減るのにちゃんとおいしくできあがる。
驚きと高揚感の連続でした。
中でも一番はまったのは、クッキーよりも食べごたえがあり、
おやつにも食事にもなるスコーンです。
スコーンはとくに焼き立てがおいしいお菓子。
自分で作れば最高のタイミングでいつでも味わえます。
準備からあと片付けまで、作業のすべてが楽ちんなポリ袋なら、
思い立ったら朝でも夜でも作ることが苦になりません。
食べたいときが作りどき。

バターを細かく混ぜ込む手法の王道スコーンもポリ袋で作れるのだけど、
工程に無理がなくてスムーズなのは、やはり液状の油を使うレシピ。
植物油や溶かしたバターを使い、扱いやすく、食べきりやすい少ない分量で。
オオカミの口がぱっくり開いたスコーンの一般的なイメージにしばられず、
英国式とはベクトルの違うおいしさの、
肩肘張らない自由なスコーンを鼻歌まじりにささっと作る。
デイリーに楽しむおうちスコーンはこれでいい。
いや、これがいい！ そう思っています。

稲田多佳子

おうちスコーンは
自由に楽しく

ポリ袋で作れる！

おうちスコーン図鑑

稲田多佳子 著

ナツメ社